Canby High School Library
721 SW Fourth Avenue
Canby, OR 97013

February 2020, Oregon

Además de ser un gran aficionado al fútbol, **Michael Part** es guionista y escritor. Es autor de la aventura *anime Starbirds* y del guión del clásico filme de Disney, *Aventuras en la corte del rey Arturo*. También es el editor de la serie de libros infantiles *The Wild Soccer Bunch*, y autor de *El papa que ama el fútbol*, biografía del papa Francisco y *Messi: su asombrosa historia*.

Michael Part

Ronaldo: su asombrosa historia

Traducción de Carlos Milla e Isabel Ferrer

PUCK

Argentina – Chile – Colombia – España
Estados Unidos – México – Perú – Uruguay – Venezuela

Título original: *Cristiano Ronaldo - The Rise of a Winner*
Editor original: Sole Books, Beverly Hills, California
Traducción: Carlos Milla e Isabel Ferrer

1.ª edición Abril 2014

Este libro está dedicado a los hermanos del autor, Tana y Brian, y a Patrick Hasburgh, por su supervisión e inspiración. Un agradecimiento especial a Yonatan Ginsberg por su contribución a este libro. Su amor y profundo conocimiento del bello deporte del fútbol han sido inestimables.

Reservados todos los derechos. Queda rigurosamente prohibida, sin la autorización escrita de los titulares del *copyright*, bajo las sanciones establecidas en las leyes, la reproducción parcial o total de esta obra por cualquier medio o procedimiento, incluidos la reprografía y el tratamiento informático, así como la distribución de ejemplares mediante alquiler o préstamo público.

Copyright © 2014 by Sole Books
All Rights Reserved
© de la traducción 2014 *by* Isabel Ferrer
© 2014 *by* Ediciones Urano, S.A.
 Aribau, 142, pral. – 08036 Barcelona
 www.mundopuck.com

ISBN: 978-84-96886-34-6

Código BIC: BGS
Código BISAC: BIO016000

Fotocomposición: Ediciones Urano, S.A

CRÉDITOS DE LAS FOTOGRAFÍAS

Foto de cubierta: Ronaldo alza los brazos y sonríe: ASSOCIATED PRESS/Andres Kudacki.

Foto de contracubierta: Ronaldo controla el balón con el pecho: REUTERS/Felix Ordonez.

1
·····

Cristiano Ronaldo dos Santos Aveiro se echó agua a la cara. Se miró en el espejo e hizo una mueca. Respiró hondo. Ése era su gran día.

Fuera, en el paseo de la Castellana de Madrid, un denso tráfico palpitaba frente al estadio Santiago Bernabéu. Era el 6 de julio de 2009, y los seguidores esperaban desde hacía horas a fin de hacerse con una localidad para el acontecimiento del día. Los 82.000 asientos del estadio se llenaron rápidamente. Aquellos que no consiguieron entrar vieron la celebración en las grandes pantallas instaladas fuera del estadio.

La gente vestía las camisetas blancas del Real Madrid. Uno de los mejores jugadores del mundo llegaba por fin al club.

El famoso emblema del Real Madrid decoraba la pechera de su camiseta, colgada aún en la taquilla; a la espalda llevaba su nombre, Cristiano Ronaldo, y el número 9. ¿Cuánto hacía que soñaba con ese momento? Ése era su sueño desde que tenía memoria: militar en las filas del Real Madrid. De niño decía que quería jugar en el equipo merengue y todo el mundo contestaba: «¿Y quién no?»

Miró alrededor. El Bernabéu. Por fin estaba allí. Con una sonrisa permanente en el rostro, Cristiano cerró los ojos y volvió a respirar hondo. Pronunciarían su nombre por el sistema de megafonía y él cruzaría el campo al trote hasta el estrado. Eso era lo único que debía hacer: subir por la escalera, decir lo que tenía que decir, estrechar unas cuantas manos y posar para las fotos. Estaba acostumbrado a las cámaras, pero esto era distinto. Esto era el sueño de toda una vida hecho realidad.

Temía que lo traicionaran los nervios. Se volvió hacia su nueva taquilla. Dentro había varios crucifijos. Tenía una amplia colección, pero ésos en concreto eran sus preferidos. Ya casi había llegado la hora de salir.

Para acceder al campo desde el vestuario, había que bajar por una escalera, recorrer un corto pasillo y subir por otra escalera, ésta metálica, de color azul. En cuanto accedió al pasillo, oyó al público. Ya en la escalera azul, el clamor era ensordecedor. Ésa era su presentación, y la directiva del Real Madrid quería que fuera espectacular. Desde el pie de la escalera, daba la impresión de que todo Madrid estaba allí.

Se quedó en la penumbra y respiró hondo por última vez. Acto seguido, subió por los escalones como si fueran los peldaños de una escalera de mano. El corazón se le aceleró al advertir la presencia en el estrado del más grande jugador de fútbol que Madrid había visto jamás, Alfredo Di Stéfano. ¡La Saeta Rubia! Y lo acompañaba uno de los mejores futbolistas de todos los tiempos: la Perla Negra en persona, Eusébio, una leyenda en Portugal, a quien muchos comparaban con Pelé. Allí estaban sus héroes, esperándolo. Aquello parecía irreal.

Él sólo era un niño pobre que había aprendido todo lo que sabía sobre el bello deporte del fútbol en las calles de Madeira. ¿Cómo había llegado hasta ahí? ¿Cómo había llegado a lo más alto en el mundo del fútbol? Cerró los ojos y vio una vez más la isla de su infancia: las calles mal asfaltadas, las chabolas con remiendos y los campos de fútbol. Revivió su infancia. Su primer recuerdo se remontaba a una iglesia. Y él iba vestido de azul y blanco.

2

El padre António Rodríguez Rebola echó una mirada a su lista de bautizos de ese día. Ya estaban tachados todos los nombres menos uno. Había sido una tarde ajetreada en la iglesia de Santo António, situada en lo alto de la cuesta, y el hijo de los Aveiro, Cristiano Ronaldo, era el último de la lista. El sacerdote quería marcharse a casa. Miró a la madre, Maria Dolores Aveiro, a sus hijos y a su hermana, sentados todos en el banco de madera cercano a la pila bautismal de mármol macizo labrado. Ésta representaba un ángel que sostenía una concha abierta llena de agua bendita. La hermana de Dolores mojó dos dedos en la pila y, juguetonamente, salpicó a Dolores en la cara. Las dos se rieron. El bebé, Cristiano Ronaldo, dormía profundamente.

    El padre Rebola se recogió un poco la manga y consultó su reloj. El bautizo estaba previsto para las seis de la tarde. Pasaban ya dos minutos de las seis, y José Dinis, el padre, aún no se había presentado. Tampoco veía allí al padrino, Fernão de Sousa. Dolores sintió que el padre la taladraba con la mirada. Ella sabía dónde andaban su marido y el padrino y sabía asimismo que no podía hacerse nada al respecto.

No lejos de la iglesia, en el campo del Andorinha, estaba a punto de acabar un partido entre el Andorinha y el Ribeiras Brava. El capitán del equipo, José Fernão Barros de Sousa, el padrino de Cristiano, continuaba en el terreno de juego. José Dinis, el padre del niño, era el utillero del equipo. Sentado en el banquillo, miraba su reloj: llegaban ya tarde al bautizo de su hijo, pero ¿qué podía hacer él? El encuentro había empezado con media hora de retraso. Confiaba en que el árbitro no añadiera tiempo de descuento y rezó a Dios para que el sacerdote esperara.

El padre Rebola se acercó a Dolores. Por su expresión, ella adivinó que estaba nervioso y le sonrió para tranquilizarlo.

—Espero que tu marido y el padrino vengan ya de camino.

—Llegarán de un momento a otro —contestó ella con la esperanza de que el sacerdote no le preguntara por el motivo del retraso. En la isla de Madeira no todo el mundo vivía tan obsesionado con el fútbol como su familia.

La hermana de Dolores contempló a su sobrino de un año, dormido como un tronco.

—Cristiano es un niño paciente —comentó.

El sacerdote oyó hablar a las mujeres y miró al bebé.

—¿Lo llamáis Cristiano? —preguntó.

—Su nombre completo es Cristiano Ronaldo —respondió Dolores con orgullo—. Ronaldo, por Ronald Reagan.

—¿El presidente de Estados Unidos? —preguntó el sacerdote.

—Sí, pero antes de ser presidente fue un gran actor —respondió Dolores—. Y nos gusta mucho.

El sacerdote se rascó la cabeza. Él ya sabía que el presidente de Estados Unidos había sido una estrella de cine antes de dedicarse a la política.

Dolores sonrió.

—Nos encantan sus películas, nos lo pasamos en grande viéndolas.

El sacerdote sonrió.

—Cristiano Ronaldo —dijo, pensativo—. ¿Futuro presidente? ¿O tal vez una estrella de cine?

Las mujeres se echaron a reír.

A las seis y media en punto, el coche de Fernão frenó con un chirrido en el pequeño aparcamiento de tierra de la iglesia de Santo António. José Dinis y Fernão se apearon y corrieron hacia la entrada del templo, ajustándose el nudo de la corbata, arreglándose la chaqueta y remetiéndose la camisa blanca por encima de la camiseta blanquiazul del Andorinha. Los dos se detuvieron en el umbral de la puerta en señal de respeto. José Dinis se alisó el pelo, cogió del brazo a Fernão y lo guió al interior de la iglesia.

El bautizo de Cristiano Ronaldo dos Santos transcurrió ya sin tropiezo alguno. El padre Rebola sintió un gran alivio. Cristiano no dijo ni pío. Concluida la ceremonia, llegó el momento de la fotografía. Aunque el padre Rebola estaba convencido de que los señores

Aveiro pondrían al bebé un traje de bautizo para ese trascendental momento, no se sorprendió en absoluto cuando José Dinis insistió en que fotografiaran a su hijo vestido con los colores del Clube de Futebol Andorinha de Santo António.

Dolores sostuvo erguido a Cristiano. Se apresuró a calzarle unas botitas blancas, y su hermana y ella lo engalanaron con brazaletes de oro en las muñecas, un anillo de oro en un dedo y un crucifijo colgado al cuello.

El fotógrafo de la iglesia estaba listo para tomar la foto.

—¿Preparados? —preguntó—. ¡A la una, a las dos y a las tres!

Cristiano Ronaldo volvió la cabeza hacia la cámara con sus ojos oscuros muy abiertos y fijó la mirada en la lente como si lo hubiera hecho un millar de veces. Como si supiera qué debía hacer.

El fotógrafo disparó, y todos aplaudieron.

3

La casa de la familia Aveiro era tan pequeña que José Dinis había instalado la lavadora en la azotea. Siempre decía que el suyo era el lavadero con las mejores vistas de toda Madeira. Cristiano, a sus cinco años, vivía allí con su madre, Dolores; su padre, José Dinis; sus dos hermanas, Elma y Katia; y su hermano, Hugo. Todos residían en Santo António, una parroquia en las colinas cercanas a Funchal, la capital de Madeira. Sus padres ocupaban uno de los dos dormitorios, y los cuatro hijos compartían el otro. La ventana de la tercera habitación era prácticamente la única fuente de iluminación en aquella reducida vivienda de tres espacios, aparte de la luz que penetraba por los diez o doce agujeros del techo. No tenían dinero para reparar el tejado. Esa tercera habitación era donde se reunía la familia. Disponían también de un cuarto de baño, no más grande que un armario.

Cristiano, sentado en el porche, vio pasar a unos niños por delante de su casa cuesta arriba hacia la calle Lombinho. Sabía que iban a jugar al fútbol porque uno llevaba un balón bajo el brazo y todos lucían las camisetas de sus equipos predilectos. La Rua Quinta Falcão, la «calle de los Cinco Halcones», era empinada. Los niños que jugaban frente a las casas siempre acababan persiguiendo el balón monte abajo. Tenían que aprender a reaccionar deprisa o no lo recuperaban hasta recorrida media cuesta. Por eso los chicos mayores preferían jugar en lo alto del monte, en el Caminho do Lombinho, poco más allá del campo de fútbol del Marítimo, donde el terreno era llano.

El Marítimo era un equipo de la Primeira Liga, uno de los dos mejores equipos de la isla. Era el preferido de José Dinis. El otro club en Primeira Liga de Madeira era el Nacional, el favorito de su madre. Ella también era seguidora del Sporting de Lisboa, uno de los mejores clubes de Portugal. En la casa de la familia Aveiro reinaba siempre cierta tensión cuando se disputaba un encuentro entre los dos clubes locales, lo que se conocía como el Derbi de Madeira. A sus cinco años, Cristiano ya había asistido a muchos partidos con su padre. Para él, el fútbol lo era todo.

Cristiano percibió el olor a guiso procedente de la cocina y su estómago reaccionó. Los niños saludaron con la mano al pasar. El que llevaba la pelota la dejó caer a sus pies y la levantó fácilmente para cogerla de nuevo con las manos. Luego repitió el movimiento.

Cristiano se levantó de un salto.

—¡Quiero jugar! —exclamó, y corrió a la calle.

Los otros niños se echaron a reír. Adelino, el chico de la pelota, lo apartó de un empujón.

—¡Aún eres pequeño! —dijo.

—¡Has de cumplir por lo menos los seis! —gritó otro niño, y los demás se rieron de nuevo. Siguieron subiendo rápidamente por la cuesta y al final sus risas se desvanecieron.

Cristiano regresó al porche, desilusionado, y dio una patada a la pared.

—¡No soy pequeño! ¡Casi tengo los seis! —protestó, y pateó de nuevo la pared.

Se detuvo a pensar en eso por un momento. Luego se sentó, se quitó las zapatillas y los calcetines, y formó una bola con éstos. Se puso en pie, dejó caer la bola de calcetines y la controló suavemente con el empeine; acto seguido, la levantó y la atrapó con las yemas de los dedos. Igual que los niños mayores. Lo repitió y repitió. Lo hizo hasta que le salió perfectamente una y otra vez, incluso con los ojos cerrados.

Oyó un silbido a sus espaldas. Se dio media vuelta. Su padre subía por la calle desde el campo del Andorinha. José Dinis lo saludó con la mano, dejó en el suelo la bolsa de utillero y abrió totalmente los brazos como un águila gigante.

—¡Papá! —gritó Cristiano, y corrió cuesta abajo para recibirlo. Cuando se encontraron, se dejó envolver por sus brazos. Para él, no había sensación mejor que sentirse entre los brazos de su padre. José Dinis estrechó a su hijo menor contra el pecho; luego le miró los pies descalzos.

—¿Dónde están las zapatillas?

—En el porche —contestó Cristiano, señalando cuesta arriba hacia la casa.

—¿Jugando otra vez a la pelota con los calcetines? —preguntó José Dinis, sonriente.

Cristiano se apretó aún más contra su padre.

—Perdí el balón que me regalaste —dijo—. Le pegué demasiado fuerte y se me escapó calle abajo.

—¡Pues tenías que perseguirlo! —exclamó su padre sin dejar de sonreír.

—¡Eso hice! —afirmó Cristiano—. Pero desapareció entre unos arbustos. Creo que se cayó al mar por el acantilado.

José Dinis se echó a reír y soltó a su hijo. A continuación desató el cordón de la bolsa de utillero, metió la mano y sacó un balón gastado.

—Para ti —anunció solemnemente a la par que se lo entregaba—. A ver si esta vez no lo pierdes.

El niño se quedó inmóvil y abrió mucho los ojos.

—Me has traído un balón nuevo —susurró con actitud reverente.

—Sí, como nuevo, Cristiano —dijo su padre.

El pequeño dio vueltas al balón entre las manos, contemplando cada milímetro.

—¿De verdad es para mí?

—No, lo he traído para el hijo del vecino —contestó José Dinis.

—¡¿Cómo?! —exclamó Cristiano, y se echó a llorar.

Su padre se sintió fatal.

—¡Para ya, Cristiano! ¡No llores! ¡Venga! —dijo, abrazando otra vez a su hijo—. ¡Era broma!

Cristiano lo miró con ojos llorosos. Soltó una risita entre sollozos y, hundiendo la cara en la camiseta sudorosa de su padre, se limpió en ella la nariz.

—¡Eeeeh! —protestó José Dinis cuando vio lo que acababa de hacer su hijo.

Cristiano se rió y corrió cuesta arriba hacia su casa al mismo tiempo que Dolores salía al porche.

—¡Mamá, mira! —dijo Ronaldo a voz en grito, y le enseñó el balón que su padre le había regalado. Ella hizo ademán de cogérselo, y él lo apartó—. ¡Es mío! ¡Búscate tú uno!

Dolores se rió.

—Bueno, antes vayamos a comer. La cena se enfría en la mesa —anunció Dolores, y obligó a su hijo a entrar en la casa.

Cristiano dejó el tenedor.

—Estoy lleno.

Todos miraron su plato, todavía repleto. Dolores había preparado una comida tradicional portuguesa a base de bacalao salado, patatas y huevos revueltos entre otras cosas. Pero esa semana no tenían dinero para bacalao, así que era el mismo plato pero sin pescado, y Cristiano, pese a tener sólo cinco años, se daba ya cuenta si le endosaban un revoltijo de patatas.

José Dinis ocupaba un extremo de la mesa y Dolores el otro. Los cuatro niños estaban sentados alrededor, dos a cada lado. Cristiano se hallaba junto a su padre.

—¿Que has acabado? —preguntó Dolores con cara de póquer, y lanzó una breve mirada a su marido.

Cristiano asintió con entusiasmo. Mantenía inmóvil el balón nuevo con el pie derecho bajo la mesa.

—Si quieres jugar —dijo José Dinis mientras masticaba su comida—, necesitas energía. La energía no sale del aire, ya lo sabes. Sale de comerse las patatas.

—Toma dos bocados de patatas y dos bocados de huevo y bébete la leche —ordenó Dolores.

El niño, obediente, se llevó a la boca los huevos y las patatas, y luego más huevos y más patatas. Sabía contar y sabía qué significaba «dos», y enseguida hinchó las mejillas como un hámster. Tenía la boca tan llena que apenas podía masticar.

Katia intentó contener la risa, pero la mirada se le iba una y otra vez hacia su hermano menor, y entonces se reía. Y cuando empezaba a reír, contagiaba la risa a Elma y Hugo. Dolores miró en otra dirección, y José Dinis se limitó a sonreír, pensando: «Con este niño uno nunca se aburre».

—De acuerdo. Vete a jugar —dijo.

En el momento en que su padre pronunció la palabra «vete», Cristiano había salido ya por la puerta, balón en mano.

—¡Y éste no lo pierdas! —advirtió José Dinis a la vez que corría detrás de su hijo.

Cuando llegó a la calle, Cristiano, ya a media manzana cuesta arriba, pateaba el balón primero con el pie derecho, luego con el izquierdo. Corría más que ningún otro niño de cinco años y llevaba grabados en la cabeza todos los movimientos. Aunque no tenían dinero para un televisor, siempre los invitaba a ver los partidos de fútbol algún vecino. Después de un encuentro, Cristiano no necesitaba más de un día para dominar los movimientos que había visto por la tele.

Cuando desapareció por una curva de la calle, José Dinis lo siguió. Lo alcanzó finalmente cuando doblaba por la calle Lombinho, donde los niños mayores del barrio se habían distribuido ya en equipos. Se quedó rezagado para que su hijo no lo viera.

Los mayores habían marcado las porterías con cubos de basura. Se disponían a empezar a jugar. En lugar de quedarse mirando, Cristiano echó el balón al suelo y, chutando, lo lanzó por encima de las cabezas de los niños. El balón rebotó con fuerza en un cubo de basura, derribándolo, y a continuación rodó hasta entrar en la portería improvisada. Cristiano levantó los dos brazos y echó a correr por la calle, rebosante de alegría.

Los niños mayores lo miraron y se echaron a reír. Lo mismo hizo José Dinis desde su puesto de observación. Cristiano fue derecho hasta la portería y recogió su balón. Luego pasó ante los demás chicos, y cuando llegó a Adelino, el que se había burlado de él, le sonrió con expresión triunfal. Después regresó cuesta abajo hacia su casa. José Dinis se acercó a él, y el niño sonrió a su padre.

—Gracias por la pelota, papá —dijo.

Cristiano era ya alto para su edad, y José Dinis rodeó los hombros de su hijo con el brazo y le dio un apretón.

—Buen disparo —comentó como si tal cosa, fingiendo no estar impresionado.

—Gracias —respondió Cristiano con cara de póquer.

Siguieron caminando en silencio durante un rato. Pero al final José Dinis no pudo aguantar más.

—¿A quién quiero engañar? —dijo—. ¡Ha sido un chutazo extraordinario!

Estrechó aún más a su hijo.

4

Un día de la primavera en que cumplió seis años, Cristiano Ronaldo, tendido en la cama, hacía malabarismos con el balón en los pies. Oía pelearse a sus padres en la cocina. Su padre había vuelto a beber. Era casi la hora de la cena, y su madre guisaba. Siempre discutían por el dinero. Su madre rogaba a su padre que dejara la bebida. La mayor parte del dinero que ganaba como jardinero y utillero lo gastaba en alcohol. El salario de su madre se iba en comprar comida y pagar los recibos, pero nunca alcanzaba. Ella trabajaba de sol a sol, cocinando y limpiando casas. Trabajaba incansablemente y hacía cuanto estaba a su alcance para proporcionar a su familia lo máximo posible. Pero su padre no contribuía.

José Dinis prometía que dejaría de beber, pero nunca cumplía su palabra. Era triste. Cuando bebía, se transformaba en un hombre espantoso, y Cristiano no lo soportaba. Cada vez que lo miraba en ese estado, sabía que no era la misma persona. Lo quería y esperaba que abandonara ese hábito. Pese a su corta edad, sabía que era malo para su salud. Veía la desesperación en los ojos de su padre, y se sentía también él desesperado y confuso por no poder ayudarlo.

Se juró no probar en la vida una bebida alcohólica. Ni siquiera un vaso. Ni siquiera una gota. Nunca.

Lo horrorizaba ser pobre. Intuía que había una escapatoria. Aunque nunca pasaban hambre, sabía que otra gente siempre tenía en la mesa comida de sobra y nunca debía preocuparse por llenar el estómago. Esa gente comía todo lo que le apetecía y cuando le apetecía; dormía en camas bonitas y en casas grandes sin goteras. Por fuerza tenía que haber una escapatoria. Pero ¿cuál? Ver sufrir a sus padres y sus hermanos lo apenaba mucho. Prometió que un día, de mayor, él cambiaría todo eso. Su familia y él vivirían en casas hermosas. Sus padres serían felices y dejarían de discutir. Su padre superaría su problema con la bebida y por fin sería un hombre feliz, sobrio y sano.

Tenía que salir de esa situación. Se acercó corriendo a la ventana y observó al grupo habitual de niños que subía por la Rua Quinta Falcão hacia Lombinho. Volvió de inmediato a su dormitorio, cogió el balón y regresó rápidamente a la ventana.

Le llegó un intenso aroma a hinojo y col procedente de la cocina y supo que su madre lo llamaría de un momento a otro. No quería comer. Quería jugar. Jugando siempre se sentía feliz. Era su manera de escapar, una manera de olvidar la desesperación y las sombras. La calle era luminosa y lo acogía. Los niños eran duros, pero también él lo era. Jugar en la calle era pura felicidad, una isla de júbilo. Podía pasarse horas jugando allí y olvidarse de lo difícil que era la vida en casa.

—¡Elma! ¡Katia! ¡Poned la mesa! ¡Hugo! ¡Cristiano! ¡Venid a ayudarme! ¡La cena está casi lista! —llamó su madre mientras revolvía la cazuela.

Cristiano casi había salido por la ventana cuando su madre pronunció su nombre, y corría ya por la calle antes de que ella se enterara de que ya no estaba en casa.

—Mamá, Cristiano ha vuelto a salir por la ventana con su pelota —se chivó Katia.

—Voy a buscarlo —dijo Hugo, abalanzándose hacia la puerta.

—¡Hugo, espera! —ordenó Dolores.

El chico se paró en seco y, confuso, se volvió obedientemente.

—¿Por qué?

—Déjalo. Es feliz jugando a la pelota. Iré a buscarlo después de comer —dijo ella, y entregó una pila de platos hondos a sus hijas.

La calle presentaba un gran deterioro desde que Cristiano tenía memoria: socavones aquí y allá, pintadas de las diversas bandas callejeras de Santo António en las fachadas. Había una pared en concreto donde a Cristiano le gustaba practicar chutar. Estaba a un paso de su casa. Inició sus ejercicios diarios: lanzaba el balón contra el muro con el pie derecho, lo controlaba con el izquierdo, se lo pasaba de nuevo al derecho, lo elevaba diestramente y lo recibía con la cabeza.

No prestó atención a los chicos que subían por la cuesta de camino a su partido. Cristiano los vio con el rabillo del ojo y recuperó el balón.

—¡Eh! ¿Sabéis qué? ¡Ya tengo seis años! ¡Esperad! —Corrió calle arriba, desplazando rápidamente el balón de un pie al otro. Cuando llegó a la altura de los niños mayores, sostuvo el balón en equilibrio sobre el empeine del pie derecho, se lo pasó al izquierdo e inmediatamente lo lanzó al aire para acabar capturándolo con la cabeza—. ¡Ahora ya tengo edad!

—Pero ¿qué dices, Cristiano? —preguntó Adelino.

El niño sonrió.

—Dijiste que podría jugar con vosotros cuando tuviera seis años. Pues ya los tengo.

Los otros niños se rieron.

Adelino los mandó callar.

—La tocas muy bien —dijo, y cogió el balón de Cristiano—. Has estado practicando.

—Todos los días. Si la pierdo, rueda cuesta abajo y ya no la puedo recuperar —contestó—. Hasta el momento, no la he perdido nunca.

Se sentía como en el cielo. El líder evidente del grupo acababa de reconocer que daba la talla.

—Pero ahora nosotros ya tenemos nueve años —repuso Adelino, y le devolvió el balón—. Vuelve cuando cumplas los nueve.

Los chicos soltaron una carcajada y siguieron subiendo por la calle.

Cristiano notó que le hervía la sangre y se enrojecía. Pese a contar sólo seis años, sabía que nunca los igualaría en edad. Tenía que enfrentarse a ellos ahora. Dejó caer el balón sin apartar la vista de los niños mayores. Dejándose llevar por el instinto, lo pateó cuesta arriba y alcanzó a Adelino en plena espalda.

Todos los niños se detuvieron y cruzaron miradas, esperando a ver cómo reaccionaba Adelino.

Éste se volvió lentamente.

Cristiano se mantuvo firme.

—¡Cuando tenga nueve años, vosotros tendréis doce y diréis lo mismo! —vociferó.

Adelino entornó los ojos como si estuviera a punto de estallar de ira. Pero soltó una risotada. Se rió tanto que se cayó al suelo. Los otros niños se rieron también. Adelino cogió el balón viejo y gastado de Cristiano y lo echó a rodar con la mano pendiente abajo hacia el niño de seis años. Cristiano lo detuvo expertamente con el interior del pie.

—¡De acuerdo, Cristiano! —contestó Adelino levantando la voz—. ¡Ya tienes seis años! ¡Ayúdanos a ganar!

Dicho esto, se dio media vuelta y siguió subiendo hacia la calle Lombinho.

Cristiano se quedó inmóvil en medio de la calle con el balón contra el pecho. Conocía a Adelino de toda la vida. Sus familias vivían en la misma calle. Para él, era el chico que pasaba todos los días por delante de su casa de camino al siguiente partido. Creía estar soñando. ¿Acababan de invitarlo a jugar?

Más arriba, Adelino volvió un poco la cabeza sin detenerse.

—¿Vienes o no?

Cristiano respiró hondo, se enjugó las lágrimas, que siempre se le escapaban cuando se emocionaba, y corrió cuesta arriba. Alcanzó a los chicos mayores del barrio poco antes de que torcieran por la travesía siguiente. Adelino sonrió y le echó el brazo a los hombros.

—Buen disparo —dijo. Los dos se rieron y, tras doblar la esquina, desaparecieron por la calle Lombinho.

Los chicos del otro equipo los esperaban de pie junto a unos viejos ladrillos que señalaban los postes de una portería. Un par de ellos se pasaban el balón. Cuando llegó el equipo de Adelino, todos se detuvieron. Los otros tenían doce años el que menos. A Cristiano se le aceleró el corazón... Los niños de doce años le daban miedo.

—¡Eh, aquí no se permiten criajos! —dijo uno de ellos, señalando a Cristiano.

Éste apretó los puños. Deseó lanzar algo. Pero después probablemente le darían una paliza, y eso no lo quería. Así que mantuvo la boca cerrada.

—¡Cristiano no es ningún criajo, Vagabundo! —respondió Adelino a voz en grito—. ¡Más te vale que te guardes la espalda! —Se volvió hacia el niño—. Quédate en el centro, y si te llega la pelota, pásanosla a alguno de nosotros.

—Ya sé jugar —replicó Cristiano, y fue a ocupar su posición.

Al cabo de unos segundos, el portero del equipo contrario lanzó el balón al aire. Éste, al caer, rebotó en Adelino y fue a parar a los pies de un adversario.

Cristiano apretó a correr, le robó el balón y expertamente se lo pasó a Adelino, que regateó y tiró a puerta. El balón pasó rozando el poste izquierdo.

—¡Pero hombre! —exclamó Cristiano, moviendo la cabeza en un gesto de enfado.

Adelino pasó rápidamente junto a él.

—¿Qué te preocupa tanto? Ya tendremos otra ocasión.

Fue entonces cuando se fijó en la cara de Cristiano, bañada en lágrimas de frustración y rabia.

—¿Por qué has fallado? ¡Ha sido un pase perfecto!

—Pues sí, he fallado, ¿y qué? Es sólo un juego —dijo Adelino—. ¡Tranquilo!

—¡Ya estoy tranquilo!

—No es eso lo que dice tu cara —replicó Adelino, irritado—. Como si tú pudieras hacerlo mejor —susurró.

—Ponme delante y lo verás.

Los dos niños se miraron fijamente. Los demás, inmóviles y sonrientes, los observaban.

—¿Delante? ¿Crees que te las arreglarás?

—Mejor que tú —aseguró Cristiano. Lo decía en serio.

Adelino clavó la mirada en él.

—Vale. Cambiemos de posición, don delantero centro —accedió.

Más tarde, ya de camino a casa, Cristiano miró a Adelino y sonrió. Éste se limitó a mover la cabeza en un gesto de asombro.

—Seis años —dijo—. ¡No quiero ni pensar qué pasará cuando tengas nueve!

Cuando se detuvieron delante de su casa, Cristiano le guiñó un ojo.

—Quiero jugar con el Real Madrid —dijo.

—¿Y quién no? —repuso el otro.

Los dos niños se echaron a reír, y Adelino dio una palmada a Cristiano en la espalda y le alborotó el pelo. El niño se encaminó hacia la puerta de su casa, donde aguardaba su madre en el portal.

—¿Por qué llegas tan tarde?

—Estaba dándole al balón, mamá —respondió.

—¿Estabas jugando con Adelino y esos niños mayores? —preguntó ella, observando a aquella panda de granujillas mientras se dispersaban en distintas direcciones de camino a sus casas. Echó el brazo en torno a los hombros de su hijo menor y lo estrechó contra su costado. Era ya alto para su edad. Pronto necesitaría zapatillas nuevas.

—Todos son mayores que yo, mamá —dijo, tirando de ella para que se agachara y poder así besarle la mejilla—. Hemos ganado. He marcado dos goles. —Parecía decepcionado.

—¡Qué bien! —exclamó su madre.

Cristiano, defraudado, se encogió de hombros.

—Yo quería un *hat trick** —dijo.

---

*Triplete.

5

A Cristiano se le aceleró el corazón al contemplar las luces navideñas del puerto desde su sitio preferido en lo alto de la Rua Quinta Falcão. Su hermana Elma se acercó a él, sintiendo curiosidad por saber qué miraba.

Corría el invierno de 1991 y en el puerto de Funchal se veían las vivas luces de los hoteles turísticos a lo largo de la costa. Un gigantesco árbol ornamental, compuesto íntegramente de bombillas multicolores, se alzaba, un tanto inclinado, en el paseo que discurría junto al mar, tiñéndolo todo de colores naranja y rojo.

—¿Dónde has estado? —preguntó Elma.

—¿Dónde iba a estar? Jugando —respondió, y señaló el puerto—. Mira.

—Tengo ojos en la cara —dijo ella, fulminándolo con la mirada. A continuación se volvió y contempló el puerto—. Sí, son preciosas. Katia, Hugo y yo hacemos esto mismo todos los años. Tú estabas ya en la cama.

Cristiano olfateó el aire.

—Creo que me llega el olor de pescado frito —dijo.

Katia se mordió el labio.

—Puedes estar seguro de que esta noche nadie pasará hambre en el puerto deportivo —comentó.

Allí abajo se hallaban las grandes cocinas de los

hoteles de lujo donde los turistas disfrutaban de sus comidas, dormían en tumbonas bajo el sol subtropical y se tostaban hasta tener un bronceado perfecto. Algunos de ellos gastaban más dinero en manicura del que destinaba a comida en todo un mes la familia Aveiro. En lo alto de la cuesta, sobre todo en las chabolas del barrio, llevar comida a la mesa era una lucha diaria. ¿Cómo sería comer allí abajo?

Pronto los cuatro niños contemplaban desde el monte las luces navideñas que decoraban el puerto deportivo de Funchal. Cristiano desplazó la vista y se fijó en un árbol navideño enmarcado por el ventanal de una enorme casa amarilla calle abajo, cubierto todo él de luces de colores que se reflejaban en el espumillón plateado. Deseó que su familia tuviera un árbol. Pero sabía que no sería así.

—¿Esta noche vendrá Papá Noel? —preguntó Cristiano.

Elma miró a Katia y a Hugo. Sabía que esa noche no habría regalos. Nunca había regalos. Su padre no tenía dinero para un árbol, y menos aún para regalos. Lo rodeó con los brazos.

—No lo sé, Cristiano, pero sí sé esto: las cosas no serán siempre así.

En algún lugar de la montaña que se alzaba sobre ellos, un rayo surcó el cielo; luego se oyó el habitual trueno.

—Vámonos —dijo Elma. Cogió a Cristiano de la mano y tocó en la rodilla a su hermana y a su otro hermano—. Entremos. Va a llover.

—¿Y qué diferencia hay? —contestó Hugo a la vez que se ponía en pie en su atalaya—. Llueve tanto dentro de casa como fuera.

Cristiano se zafó de Elma.

—¡Voy a sacar las cazuelas! —anunció, y corrió hacia casa esquivando las gotas.

Elma, Hugo y Katia se rieron y lo siguieron. Siempre podían contar con la alegría de Cristiano. Esa noche, más tarde, las cazuelas y sartenes que colocaban estratégicamente en el suelo bajo las goteras interpretaron un concierto mientras llovía a raudales.

Mucho más tarde, cuando dejó de llover y el resplandor de la luna lo coloreó todo de azul, Dolores se levantó a beber agua y, decidiendo ir a ver cómo estaban los niños, entró sigilosamente en su habitación. Todos dormían. Se acercó a Cristiano que, abrazado al balón de fútbol, dormía a pierna suelta con una sonrisa en la cara. Se inclinó y lo besó en la frente.

El niño se agitó y lanzó un puntapié, con lo cual Elma se revolvió, con lo cual se revolvió también Katia, con lo cual Hugo lanzó un grito en sueños. Dolores observó al cuarteto tranquilizarse y volver a dormirse plácidamente. Deseaba para ellos algo mejor que eso: todos apretujados en una habitación y una misma cama, pero sencillamente no parecía posible, no con lo que ganaban su marido y ella limpiando casas y cuidando el campo deportivo del Andorinha.

Por la mañana temprano Fernão se presentó allí y llamó tres veces a la puerta de los Aveiro. Tenía algo escondido detrás de la espalda. Sabía quién atendería la puerta: siempre era el primero en levantarse.

Cristiano saltó de la cama y corrió hasta la puerta. Abrió, y allí estaba su padrino.

—Ni siquiera preguntas quién es antes de abrir —lo reprendió Fernão—. ¿Y si yo hubiera sido un ladrón?

—Eso es imposible. ¡Aquí no hay nada que robar!

Fernão soltó una carcajada y, con las manos todavía ocultas detrás de la espalda, entró en la casa. Recorrió la habitación con la mirada.

—¿Dónde está el árbol?

—¿Quién necesita un árbol? —repuso Cristiano.

—Nadie *necesita* un árbol —dijo Fernão entre risas—. ¿Dónde están los regalos?

—¿Quién necesita regalos? —preguntó Cristiano, intentando ver qué escondía Fernão detrás de la espalda.

—Nadie *necesita* regalos —contestó su padrino, tendiendo de pronto las manos al frente. Sostenía un regalo envuelto—. Los regalos se *quieren*.

Cristiano se quedó mirando el obsequio.

—¿Esto para quién es?

—¿Y tú qué crees? —respondió Fernão, acercándoselo.

Cristiano cogió el paquete y rompió el envoltorio. La caja tenía en lo alto una ventanilla transparente y por ella se veía en el interior un coche de carreras de vivo color rojo a control remoto.

—Un coche —dijo el niño.

Fernão advirtió en él un asomo de decepción.

Cristiano dejó el regalo en la mesa.

—¡Ahora ya tenemos un regalo!

—¿No vas a abrirlo para jugar con él?

Cristiano negó con la cabeza.

—Espera. —Corrió a su habitación.

«¿Adónde iba yo a irme?», se dijo Fernão. El niño regresó apresuradamente con su balón de fútbol.

—Éste es mi regalo —afirmó—. Dale el coche a Hugo. A él le gustan los coches.

Fernão observó a su ahijado por un momento y luego asintió.

—¿En qué estaría yo pensando? —preguntó.

—Eso —dijo Cristiano, y se rió—. ¿En qué estarías tú pensando? ¡Ya sabes que sólo me gusta el fútbol! Por eso quiero jugar con el Real Madrid.

Fernão se echó a reír y lo abrazó.

—¡¿Y quién no?!

José Dinis y Dolores entraron en la habitación principal.

—¿A qué viene tanto jaleo?

—He encontrado unos regalos en el porche. ¿Cómo queréis que los deje Papá Noel si la puerta está cerrada? —preguntó a la vez que sacaba otros tres regalos más pequeños de los bolsillos de su chaqueta.

Elma, Katia y Hugo entraron, todavía medio dormidos, y Fernão entregó a cada uno de ellos uno de los regalos pequeños.

—*Feliz Natal*—dijo, que quiere decir «Feliz Navidad» en portugués. Guiñó un ojo a Cristiano, y éste se lo guiñó a él.

—¡Feliz Navidad a todos! —exclamó el niño.

6

Maria Dos Santos, la maestra de Cristiano, cogió una tiza de la bandeja de la pizarra y observó a sus alumnos. El asiento de Cristiano Ronaldo estaba otra vez vacío. La maestra se volvió de nuevo hacia la pizarra y empezó a escribir unas palabras. Se oyeron un ruido y unas risitas, y giró sobre los talones. Cristiano, como por arte de magia, estaba ahora en su asiento, con las manos entrelazadas ante sí, la mirada fija en ella, el cabello mojado, pero bien peinado.

—Vaya, señor Aveiro, qué amable por su parte obsequiarnos con su compañía.

—Gracias, señorita Dos Santos —dijo Cristiano, y unas cuantas risas brotaron aquí y allá en el aula. Acto seguido le guiñó un ojo a la maestra.

El guiño cogió desprevenida a Maria Dos Santos. No se lo esperaba. Se volvió de nuevo hacia la pizarra, siguió escribiendo y de pronto miró otra vez hacia la clase. Cristiano estaba exactamente en la misma postura que antes. En esta ocasión desplegó una sonrisa. La maestra apretó los labios, se dio la vuelta lentamente y empezó a escribir otra vez. Si cualquier otro niño hubiese llegado tarde, lo habría mandado al despacho del director. Pero conocía la vida doméstica de Cristiano, la casa minúscula, el problema con la bebida de su padre; se consideraba afortunada por el solo hecho de que se presentara, teniendo en cuenta que no pensaba en otra cosa más que el fútbol.

A la hora del almuerzo, sus compañeros de clase se sentaron en círculo en la hierba para comer lo que les habían puesto en fiambreras y bolsas de tela. Él no llevaba comida, pero se había disciplinado para prescindir del almuerzo y poder jugar durante ese rato. Como no había ningún balón, utilizaba sus calcetines. Se pasaba la bola de calcetines de un pie al otro una vez, y otra, y otra más, perfeccionando el movimiento mientras todos los demás comían bocadillos y fruta.

—¿Nunca piensas en nada más, Cristiano? —preguntó Glenda, una compañera de clase, a la vez que se ofrecía a compartir su manzana con él.

—No —contestó él, y siguió dando toques a la bola de calcetines.

Al salir del colegio y volver a casa, Cristiano se encerró en el cuarto de baño y miró el balón que tenía a los pies. Apenas había ahí dentro espacio para una persona, y menos para una persona y un balón. Quería llegar a dominar el «regate de Cruyff», y después mejorarlo. Dicho regate, que llevaba el nombre de su creador, Johan Cruyff, el legendario delantero holandés, estaba concebido para causar quebraderos de cabeza al equipo rival. Para ello, necesitaba un espacio reducido. Cristiano levantaba una pierna como para amagar un pase, luego enviaba el balón por detrás de la otra pierna en un rápido cambio de dirección. A continuación repetía la maniobra cambiando de pie, usando primero el derecho para desplazarse a la izquierda, y luego el izquierdo para desplazarse a la derecha. Lo repitió centenares de veces en aquel pequeño cuarto de baño.

Dolores troceaba unas verduras en la cocina. ¿Qué era ese ruido que llegaba del cuarto de baño? Dejó el cuchillo y se acercó apresuradamente a la puerta cerrada del lavabo.

—¿Qué haces ahí dentro? —preguntó a gritos a través de la puerta.

—Practico —contestó Cristiano.

En la calle, Adelino y los chicos se detuvieron ante la casa de la familia Aveiro.

—¡¡Cristianooo!! —vociferó Adelino.

El niño abrió la puerta del cuarto de baño, cogió su balón y salió como una flecha, lanzando una sonrisa a su madre al pasar a toda prisa ante ella de camino a la calle.

Fuera, los niños ya habían empezado un partido.

—¡En Lombinho está todo embarrado! —explicó Adelino.

Sonó la bocina de un taxi, y Cristiano y Adelino se apartaron de un salto. Tras pasar un par de coches, reanudaron el partido y dos defensas del equipo rival cubrieron a la vez a Cristiano en cuanto se adueñó del balón. Tenía que encontrar una manera de engañarlos. La portería estaba cuesta arriba, y por tanto tenía que conducir el balón por la empinada pendiente. A un lado de la calle había un neumático viejo, y Cristiano, instintivamente, lanzó el balón contra él para controlar luego el rebote más allá de los atónitos defensas.

Adelino paró en seco.

—¿Cómo se te ha ocurrido una cosa así?

—No tenía elección —respondió Cristiano.

Cuando se echaron sobre él otros tres defensas, utilizó su regate recién perfeccionado para esquivarlos. Moviendo el balón en corto hacia la derecha, Cristiano levantó el pie derecho, amagó un pase y luego mandó diestramente el balón por detrás de la otra pierna, con un instantáneo cambio de dirección. Tras otras dos rápidas fintas, miró por encima del hombro y empujó el balón suavemente entre los cubos de basura. Detrás de él, todos los defensas intentaban alcanzarlo.

Adelino lo agarró y lo agitó como si fuera una botella de refresco.

—¡Ha sido asombroso! —exclamó con el brazo alrededor de los hombros de su compañero mientras regresaban a la línea de centro—. ¡Me has dejado alucinado! ¡Lo has hecho a tal velocidad que casi ni lo he visto!

Cristiano se encogió de hombros. Todo ese entrenamiento en el cuarto de baño había dado fruto.

Adelino se detuvo y, agarrando otra vez a su amigo por los hombros, se acercó a él para que nadie más lo oyera.

—No lo hagas demasiado —lo previno—. Utilízalo sólo cuando lo necesitemos de verdad… ¡Los otros ni se enterarán de lo que ha pasado!

Se reanudo el partido. En cuestión de segundos Cristiano se apoderó de nuevo del balón y empezó a regatear. El equipo rival formó un muro humano ante él, y Cristiano tuvo que buscar una manera rápida de rodearlos. Tenía también muy ensayada la bicicleta. En un santiamén, trazó un círculo con el pie izquierdo sobre el balón y, sin parar, hizo lo mismo con el pie derecho; concluyó el movimiento desplazando el balón con la zurda para eludir la barrera. Al instante se hallaba solo frente a la portería y de nuevo le bastó con empujar el balón para anotar otro tanto fácil.

El primo de Cristiano, Nuno, no podía dar crédito a sus ojos. Lo vio todo desde la otra acera. Su primo pequeño hacía cosas con los pies que él nunca había visto. En ese momento salió de casa el padre de Cristiano, José Dinis.

—Vamos —dijo a Nuno—. Tienes un partido que jugar.

—Claro —respondió el chico sin apartar la mirada de su primo pequeño, allí en la calle. El partido se había reanudado, y Cristiano había robado otra vez el balón. Nuno se quedó plantado viéndolo atravesar como un cohete las líneas del equipo rival—. ¿Y Cristiano?

—¿Qué pasa con él? —preguntó José Dinis.

—Puede jugar con nosotros —dijo Nuno con toda naturalidad—. ¡En el Andorinha!

José Dinis miró a su sobrino y comprendió que hablaba en serio.

—Déjame pensarlo —respondió.

Bajaron por la calle hacia el campo del Andorinha. Cristiano los vio alejarse. Lo había oído todo.

Cuando llegó el fin de semana, Nuno no esperó a que su tío tomara una decisión. Entró sigilosamente en la habitación de Cristiano a cuatro patas y la cruzó hasta donde dormía su primo pequeño.

—¡Psst!

El niño no se movió.

—¡Psssst! —repitió Nuno, esta vez en voz más alta.

Cristiano parpadeó con un ojo, pero no fijó la vista en nada.

—Eso sí que es raro —dijo Nuno, y retrocedió un poco.

Cristiano despertó sobresaltado e hizo ademán de gritar, pero su primo le tapó la boca con la mano.

—Silencio —susurró.

—¿Qué quieres, Nuno?

—Tengo un partido dentro de una hora. ¿Quieres verme jugar?

Cristiano, ahora con los ojos abiertos de par en par, echó a un lado la sábana y se levantó de un brinco. Llevaba un calzoncillo con un estampado de personajes de dibujos animados. Nuno contuvo la risa.

—Interpreto eso como un sí.

Cristiano, entusiasmado, asintió.

—Te espero fuera dentro de unos minutos —dijo Nuno—. Y date prisa. Ya vamos con retraso.

Cristiano asintió con la cabeza. Y en ese momento cayó en la cuenta y se puso en marcha sin pérdida de tiempo.

7

El entrenador Francisco Afonso se hallaba en la banda del campo del Andorinha con el padrino de Cristiano, Fernão, y José Dinis. Habían dividido el equipo de benjamines del Andorinha, niños de ocho años, en dos grupos, y estaban en medio de un intenso partido de entrenamiento cuando llegó Cristiano, de seis años.

Nuno encabezó el ataque por el campo hacia la portería contraria. Cristiano sentía tal deseo de saltar al terreno de juego que estaba a punto de reventar: un auténtico campo con césped en lugar de una calle, un campo donde podía sortear defensas en lugar de cubos de basura y neumáticos viejos. Viendo avanzar a su primo, Cristiano, en la grada, ya no pudo controlarse más y, levantándose de un brinco, lo vitoreó.

Nuno marcó un gol, se dio media vuelta, vio a Cristiano en la grada y lo saludó con los brazos. El niño botó como el payaso de una caja sorpresa, y su primo se rió.

Durante el descanso su padre y su primo le pidieron que se acercara.

—¿Quieres entrenar con Nuno, Cristiano? —preguntó su padre.

Al niño se le aceleró el corazón. Aquellos chicos eran

mayores que él, pero por entonces estaba ya acostumbrado a eso. En realidad no recordaba una época en que hubiera jugado con niños de su misma edad. Vociferando, abandonó las gradas sin darse cuenta siquiera de lo que hacía. Su cuerpo se movía ya antes de que su cerebro se activara.

—¡Sí! —respondió a voz en grito.

Nuno dio un puñetazo a su primo en el hombro.

—Vamos, pues.

—¿Seguro que puedo? —preguntó Cristiano a su padre a la vez que pisaba con cuidado el césped.

El resto del equipo le indicó que se aproximara. Su padrino, Fernão, observó atentamente a Cristiano mientras éste se unía al conjunto de Nuno.

Se reanudó el juego.

Cristiano recorrió las gradas con la mirada y localizó a su madre, que llegaba justo en ese momento y se sentaba al lado de Alvaro Milho, el responsable del fútbol base.

Cristiano, rápido como un rayo, corría junto a la banda, eludiendo a los defensas, con la pelota pegada a los pies. Cuando el último jugador del equipo contrario intentó cortarle el paso, se detuvo por un instante, lo miró, le hizo un túnel, recuperó el autopase por detrás de él y, una vez completado el caño, irrumpió en el área.

En el mano a mano con el portero, exhibiendo un estilo perfecto, lanzó un tiro seco y rasante al palo largo. El balón entró en la portería y fue a dar al lateral de la red. «¡Qué gustazo!», pensó. Le encantaba la sensación de batir al guardameta.

Dirigió una rápida mirada a las gradas. Su madre y Milho le sonrieron. El resto del equipo se abalanzó sobre él y lo derribó. Nuno, resbalando por el césped, llegó hasta él, se detuvo, le tendió una mano y lo ayudó a levantarse.

—¡Buena jugada, primo! ¡Buena jugada!

El encuentro siguió por el mismo derrotero. Cristiano anotó dos tantos más, y cuando consiguió el *hat trick*, Milho indicó a José Dinis, Fernão y el entrenador Afonso que se acercaran.

—¡Tu hijo es asombroso! —dijo en tono admirativo a José Dinis—. ¡Lo queremos!

8

Cristiano dormía boca abajo, con los brazos estirados a los lados como las alas de un avión, una manta arrebujada sobre la cabeza a modo de turbante mal ajustado. Un coche frenó con un chirrido en la calle. Cristiano se revolvió. La puerta se abrió y, como en un sueño, oyó unos pasos y pensó que un gigante iba a pisar la casa y aplastarla.

Milho entró en la habitación y encontró a su jugador de siete años dormido en el suelo en una postura inverosímil.

—¡En marcha! —vociferó, y Cristiano se sacudió como un gato al recibir una descarga eléctrica.

Milho cogió una botella de agua medio llena de una silla cercana y se la vació al niño en la cabeza.

Cristiano, sobresaltado, despertó y se incorporó en el acto.

—¡Socorro! ¡Me ahogo! —farfulló. Parpadeó para quitarse el agua de los ojos y fijo la mirada en Milho. De inmediato intentó esconderse de nuevo bajo las mantas, pero el hombre lo agarró por el cuello de la camiseta.

—¡No, ni hablar! —dijo, y de un tirón obligó al niño a ponerse en pie.

—¡Suélteme, suélteme! —exclamó Cristiano, forcejeando.

—¡Llegas tarde al partido! ¡Todo el mundo te espera!

Cristiano entró como una flecha en el cuarto de baño.

—¡Enseguida estoy, entrenador!

Milho sonrió.

Cristiano atacó pegado a la banda. El equipo rival no podía seguirle el ritmo. Le encantaba sentir el aire en la cara cuando corría junto a la línea.

Su entrenador, Francisco Afonso, lo observaba desde fuera del campo. Cristiano sacaba un palmo de estatura a los demás niños de su edad. Tenía una velocidad increíble para sus siete años. Lo habían apodado «Abejita» porque nadie podía alcanzarlo.

Los jugadores del Camacha FC llegaron en autobús de su pueblo en las montañas, a unos kilómetros al este de Funchal. Afonso recorrió las gradas con la mirada y vio a Milho junto a la madre de Cristiano. Advirtió entonces que, al otro lado de Dolores, estaba sentado el presidente del Andorinha en persona, Rui Santos. Se sorprendió. Rui Santos rara vez iba a ver los partidos del fútbol base. Últimamente el equipo había sufrido varias derrotas, pese a jugar Cristiano en todos los encuentros. Un pajarito le había dicho que Cristiano no se sentía a gusto y se planteaba abandonar el equipo. Rui Santos estaba allí para conservar a su estrella.

Afonso, volviéndose hacia el campo, vio al padre de Cristiano cerca del cuarto de material, poniendo orden.

El niño rodeó las gradas, pero, en lugar de saltar al terreno de juego, se quedó a un lado entre las sombras y observó. José Dinis lo vio desde el cobertizo de material y se acercó a él apresuradamente.

—¿Qué pasa, Cristiano? Deberías estar en el campo —dijo.

—No quiero jugar, papá.

—No seas tonto, te necesitan —contestó Dinis, apoyando las manos en los hombros de su hijo. Vio entonces la expresión de sus ojos y supo que la cosa iba en serio—. Oye, nunca te he visto saltarte un partido. Ni uno solo. Ni siquiera cuando estabas enfermo.

Cristiano tardó un momento en contestar.

—Pero es que siempre perdemos —dijo por fin, y las lágrimas le corrieron por las mejillas—. No quiero perder más.

José Dinis miró a su hijo y reflexionó.

—Pero no pueden mejorar sin ti. ¿Qué digo yo siempre sobre los débiles?

—¿Que sólo los débiles abandonan?

—Exacto. No puedes abandonar ahora.

Cristiano supo que su padre tenía razón. Le enfurecía pensar en los muchos errores que cometían sus compañeros en el terreno de juego. Pero dejar el equipo no solucionaría nada, porque no era culpa de ellos. Aquello no era como las calles de Madeira, donde si te equivocabas, te daban una paliza. Debía ayudarlos.

—Tienes razón —dijo a su padre. Acto seguido se dirigió al trote a su posición de extremo. Se apoderó del balón en los primeros cinco segundos del partido. Los chicos del Camacha apenas si lo vieron cuando se abrió camino como una bala entre ellos, regateándolos con el balón majestuosamente controlado. Asistió al delantero centro, que estaba desmarcado justo frente a la portería, pero su remate se fue alto por encima del larguero. Y para colmo la siguiente jugada del equipo rival acabó en gol.

Cristiano reprimió la ira e intentó contener el llanto. En esos momentos un fallo así era lo peor que concebía en el mundo. Al final se le escaparon las lágrimas.

En las gradas Dolores y Rui Santos, ambos de pie, observaban a Cristiano con atención.

—¿Qué hace? —preguntó Rui Santos.

—Llora —contestó Dolores.

—¿Llora? —repitió Rui Santos.

Ella asintió, un poco abochornada.

Era la media parte, y el Andorinha, pese a los esfuerzos de Cristiano, perdía por 2 a 0.

Rui Santos se levantó, abandonó su asiento y se encaminó hacia el niño, que salía del campo en ese momento.

—Cristiano —llamó.

—Dígame, señor —contestó él, enjugándose la cara con la manga.

—¿Por qué lloras?

El dueño del club se sorprendió por la expresión que vio en los ojos de Cristiano cuando lo miró.

—Estoy enfadado porque vamos perdiendo —explicó el niño.

—Pero sólo se ha jugado la primera mitad, ¿y por cuánto perdéis? ¿Por dos? Hay tiempo de sobra para ganar el partido. —De pronto Rui Santos comprendió lo que quería decir Cristiano—. A ver si lo entiendo. Estás así por tus compañeros, ¿no? Oye, ya sabes que aquí ningún otro niño juega tan bien como tú.

—Lo sé. Por eso estoy enfadado —dijo Cristiano.

—¿Con tus compañeros?

—No. Conmigo mismo. Por enfadarme con ellos.

Rui Santos le sonrió.

—Ya veo lo que quieres decir.

Cristiano lo observó por unos segundos y asintió. Se limpió las lágrimas y se disculpó. Luego fue a reunirse con sus compañeros, que se preparaban para reanudar el encuentro. En cuanto el silbato del árbitro anunció el comienzo de la segunda parte, Cristiano, en una increíble jugada en solitario, avanzó como un general a través de territorio enemigo y, sin ayuda de nadie, esquivó a todos los adversarios. Culminó esa impresionante acción individual con un remate por la escuadra derecha.

Rui Santos, atónito, se puso en pie.

El equipo rodeó a Ronaldo, y cuando éste asomó de debajo de la piña, dirigió una sonrisa radiante a su madre, de pie en la grada, y apuntó un dedo al aire. Anotó otros dos tantos, y el Andorinha venció.

9

El padrino de Cristiano, Fernão, fue de visita. Había dejado su empleo en el Andorinha por un puesto de *scout* (ojeador) en el Nacional el año anterior. Ahora era un hombre con una misión.

—Te echamos de menos, Fernão —dijo José Dinis cuando los dos viejos amigos se abrazaron—. ¿Qué tal te trata el Nacional?

Dolores, José Dinis y Fernão se sentaron en la habitación principal. Fernão percibió la tensión en el ambiente.

—En el Nacional me va bien —contestó—, pero ya sabéis para qué he venido.

—Sí, lo sabemos —replicó José Dinis—. Y tú sabes lo mucho que te aprecio, Fernão, pero la respuesta es no. Si Cristiano se va a un equipo más importante, tiene que ser el mío, el Marítimo.

—Eso nunca —intervino Dolores. Ella era hincha del Nacional y no quería ni oír hablar de los verdidorrojos del Marítimo.

—El ojeador del Marítimo vino ayer a la sede del Andorinha —explicó José Dinis—. Se reunió con el presidente.

Fernão suspiró.

—Hablemos con Cristiano. Quiero saber qué opina él.

Al cabo de unos minutos apareció el niño con su balón. Se alegró de ver a su padrino.

—¿Vas a llevarme al Nacional? —preguntó con vivo interés.

—A lo mejor —respondió Fernão—. Pero el Marítimo también se ha interesado por ti. Tus padres nunca podrían tomar una decisión al respecto por el apego que cada uno siente por su propio equipo. Vas a tener que elegir tú.

José Dinis y Dolores sabían que Fernão tenía razón, y los dos se volvieron hacia su hijo menor.

—¿Tú qué opinas, Cristiano? —preguntó Fernão—. ¿Con qué equipo quieres jugar?

—Iré al club que más se interese por mí —contestó Cristiano.

Todos guardaron silencio por un momento.

—Muy bien. Pero ahora déjame hablar como padrino tuyo, no como ojeador del Nacional —dijo Fernão, y miró a los padres—. Deberíais pedir a los responsables de los dos equipos que se reúnan con vosotros, y entonces veremos qué equipo tiene más interés en Cristiano. ¿Qué os parece?

Dolores y José Dinis cruzaron una mirada. Siempre podía confiarse en que Fernão diera con la solución idónea.

Cristiano vio la sonrisa de su madre, luego la de su padre, y movió la cabeza en un gesto de asentimiento.

—Tienes todas las de ganar —dijo Fernão.

Cristiano sonrió. Le gustaba mucho la palabra «ganar», y su padrino acababa de decirla.

Cristiano estaba sentado con sus padres y Rui Santos a una mesa del mejor restaurante del puerto deportivo de Funchal. El olor de la comida lo enloquecía. Eran aromas conocidos: llegaban hasta lo alto de la Rua Quinta Falcão. Ahí abajo el olor era mucho mejor. Todo en la carta parecía delicioso, y él se sentía de maravilla.

—¿Qué te apetece comer, Cristiano? —preguntó Rui Santos.

—De todo —contestó él—. Empecemos por el bacalao. Y esta vez espero que no sólo haya verdura.

Al cabo de unos minutos apareció Rui Alves, el presidente del Nacional, en compañía de Fernão. Alves quiso sentarse junto a Cristiano.

—¿Dónde están los representantes del Marítimo? —preguntó Santos, mirando alrededor.

Rui Alves cogió una carta.

—El Marítimo se ha echado atrás en el último momento —dijo despreocupadamente—. Acabo de hablar con ellos. Han decidido que tenían asuntos más urgentes.

—¡¿Cómo?! —exclamó José Dinis claramente disgustado—. ¡¿Han pasado de nosotros?!

—Me temo que sí —respondió Fernão—. El Marítimo ha mandado a un ojeador a Brasil para buscar allí a una joven promesa. —Tomó un sorbo de agua.

—¿No les interesa? —preguntó Cristiano.
Rui Alves no pudo disimular su satisfacción.
—Quizás a ellos no, Cristiano, pero a nosotros sí.
El niño desplegó una amplia sonrisa. Nunca había visto a su madre tan feliz. El Marítimo había faltado a la cita, pero el club que más se interesaba por él sí se había presentado: el Nacional.
Rui Alves sonrió de oreja a oreja. A la mañana siguiente cerraría el trato para llevarse a Cristiano Ronaldo al Nacional, y la vida del niño cambiaría para siempre.

Cristiano había oído comentar a su padrino que el Clube Desportivo Nacional lo consideraba flaco, así que se presentó a su primer entrenamiento con tres kilos más. Devoraba todo lo que le ponían por delante, incluidas las verduras. En cuanto saltó al terreno de juego para su primer entrenamiento, marcó el primer gol en menos de quince segundos. Cuando retrocedió a la carrera a fin de prepararse para la jugada siguiente, el entrenador Talhinhas lo esperaba.
—Me gusta como juegas, pero tienes que aprender a pasar el balón —dijo—. No debes hacerlo todo tú solo.
En los primeros tres encuentros con Cristiano como centrocampista, el Nacional ganó con facilidad. El niño era el máximo anotador, pero chupaba mucho balón. Sus compañeros de equipo no veían bien que la nueva joven promesa lo hiciera todo solo, aunque sí les gustaba

ganar. Y cuando perdían... Dios santo. Su nuevo compañero siempre lloraba. No soportaba perder, y era incapaz de contener las lágrimas. Eso le valió el apodo de «Llorica».

La segunda y última temporada de Cristiano en el equipo, cuando éste contaba nueve años, fue la mejor en la historia del Nacional, que con su ayuda conquistó el título de liga infantil.

José Dinis y Dolores, con su hijo en medio, regresaron al aparcamiento después de la ceremonia de entrega de premios. Fernão los esperaba.

Dolores besó a Cristiano en la frente y José Dinis lo abrazó más fuerte que nunca.

—Vete en el coche con Fernão. Ya nos veremos en casa —dijo su padre. A continuación cogió a Dolores de la mano y se dirigió hacia su propio automóvil.

Cristiano los observó alejarse; luego se volvió hacia Fernão.

—Enhorabuena por el título, Cristiano —lo felicitó su padrino, y le abrió la puerta del lado del acompañante. El niño subió al coche, y él puso en marcha el motor.

—Hablemos —propuso.

—Bien —contestó Cristiano con cautela.

—Sé por qué no pasas la pelota —afirmó Fernão sin titubeos.

—¡De eso ya hemos hablado! —prorrumpió Cristiano—. El equipo y yo... ¡hacemos lo necesario para ganar!

—Sé que ellos quieren ganar tanto como tú —dijo Fernão—. Pero lo que es aceptable en el equipo infantil del Nacional no sirve para equipos mejores y más importantes. Déjame preguntarte una cosa: no pretenderás jugar con el Nacional toda tu vida, ¿verdad?

—¡No! ¡Yo quiero jugar con el Real Madrid! —exclamó Cristiano.

Fernão se echó a reír.

—¿Y quién no? Pero no llegarás al Real Madrid desde aquí.

—¿Eso quién lo dice? —repuso el niño con un destello en los ojos.

Fernão volvió a reírse.

—¡Tú sigue pensando así!

Salieron del aparcamiento e iniciaron el corto trayecto calle arriba hacia la Rua Quinta Falcão.

Después de viajar en silencio durante unos minutos, Fernão fue al grano:

—Tengo una pregunta que hacerte.

Cristiano apartó la mirada de la ventanilla.

—Tú dirás.

—¿Quieres ser un gran futbolista?

—Más que nada en el mundo —contestó.

—¿Sabes lo que es ser un gran futbolista?

—Jugar muy bien.

—Sí, parte de ello consiste en jugar muy bien. Pero el fútbol es un deporte de equipo —explicó Fernão—. Si no entiendes eso, no entiendes el propio deporte.

Si quieres ser un gran futbolista, tienes que ayudar a tus compañeros de equipo a jugar muy bien.

Acercó el coche a la acera y lo detuvo delante de la casa de la familia Aveiro.

El niño tenía los ojos anegados en lágrimas.

—No gano sólo para mí. ¡Gano para todo el equipo!

—Eso ya lo sé, Cristiano. Pero piensa en el futuro —aconsejó Fernão.

—Lo haré —prometió Cristiano. Lo dijo muy en serio, y a su padrino le constaba que el niño tenía muchas ganas de aprender.

Un extraordinario talento ardía dentro de él, pensó Fernão. También una gran fuerza de voluntad. En el entorno adecuado —y el equipo adecuado—, ese talento podría traducirse en disciplina y una poderosa ética del trabajo.

Después de dejar a Cristiano, Fernão regresó derecho a casa e hizo la llamada que tenía prevista. Telefoneó a su viejo amigo Joao Marques de Freitas, magistrado en Funchal y representante del Sporting de Lisboa. Fernão sólo necesitó pronunciar dos palabras para que De Freitas supiera exactamente a qué se refería:

—Está preparado.

10
.....

Cristiano fue el primero en verlo, pero no supo quién era. Más tarde su hermana Elma se lo contó todo sobre el día en que el hombre del Sporting de Lisboa los visitó.

Paulo Cardoso llegó a Madeira sin previo aviso. Quería ver al niño de la Rua Quinta Falcão. Quería verlo jugar sin la menor interferencia por parte de su familia o su padrino, Fernão de Sousa, a quien conocía muy bien. Sentado en las gradas, hizo anotaciones acerca del juego del niño que se movía por el centro del campo como si hubiera nacido allí. En cuanto terminó el partido, Cardoso bajó por las gradas hasta donde se hallaban Fernão, José Dinis, Dolores, Elma y los niños.

El padrino de Cristiano lo reconoció de inmediato, se puso en pie y le estrechó la mano.

—¡Paulo, no sabía que estabas en la isla!

Cardoso se sentó junto a Fernão.

—No tenías por qué saberlo —respondió en voz baja.

—No es necesario preguntarte qué opinas, imagino —comentó Fernão.

Cardoso paseó la mirada por todo el grupo.

—Opino que me gustaría invitar a este niño extraordinario a una prueba.

—¿Una prueba? —preguntó José Dinis—. ¿Dónde?

—En Lisboa. Durante cuatro días. No necesitamos más.

—¡Dios mío! —exclamó Dolores—. ¿El Sporting de Lisboa? ¿Estoy soñando? —Apretó con fuerza la mano de su marido.

Cardoso esbozó una sonrisa cortés.

—Nos lo pasaremos bien.

Esa noche la familia Aveiro y Fernão quedaron para cenar con el hombre del Sporting de Lisboa en el puerto deportivo. Cristiano llevó su balón. El restaurante se hallaba en el mejor hotel de Funchal, y el chico pidió pez espada.

—Sólo tiene once años —dijo José Dinis—. Nunca ha salido de la isla. Y yo no puedo marcharme.

Dolores le dio una palmada en la mano.

—Nadie espera eso de ti, Dinis. Ya iré yo. En todo caso, el Sporting no es tu equipo.

Todo el mundo se echó a reír.

—Si se queda en Madeira —afirmó Fernão—, nunca recibirá la formación que necesita para llegar a ser un jugador profesional.

Años más tarde Cristiano recordaría bien esa noche. Quería jugar para el Sporting y no tenía la menor idea de lo mucho que se le complicaría la vida. Pero allí en el restaurante, en ese momento, lo único que veía era cómo parecían materializarse sus sueños velozmente ante él.

—Recuerda que es una prueba —advirtió Cardoso—. No hay ninguna garantía.

—No me preocupa —respondió Cristiano—. Entraré en el equipo.

Todos guardaron silencio brevemente.

—Me gusta tu aplomo —observó por fin Cardoso—. Seguro que tienes muchos amigos. ¿Quién es tu mejor amigo?

Cristiano ni siquiera se paró a pensarlo. Bajó las manos, cogió el balón que tenía entre los pies y se lo enseñó.

—Éste es mi mejor amigo —dijo.

En torno a la mesa todos se rieron.

—Ah, casi me olvidaba. Tú también vienes —dijo Cardoso a Fernão—. Y Dolores, claro. En cuanto Cristiano se haya instalado en el centro de formación, podréis regresar.

Fernão se detuvo a pensarlo y se encogió de hombros.

—No me quejaré. Me vendrán bien unas vacaciones.

Al cabo de unos días Cristiano se agarró a los apoyabrazos del asiento con tal fuerza que los dedos se le quedaron blancos. Los motores del avión se revolucionaron y el aparato rodó por la pista de Funchal. Cristiano miró por la ventanilla y vio la tierra alejarse vertiginosamente en cuestión de segundos. Poco después el volcán quedaba por debajo de él. Parecía de mentira, lejano. El avión viró al este y trazó un círculo por encima de la isla antes de enfilar rumbo al Portugal continental. Cristiano nunca había visto su lugar de nacimiento desde esa perspectiva: una isla, rodeada por las aguas de color azul oscuro del Atlántico.

—¿Anoche dormiste?

—No, mamá —contestó él. Apoyándose en ella, cerró los ojos.

Fernão ocupaba el asiento del pasillo y leía una revista de fútbol.

El vuelo duró una hora y cuarenta minutos, y luego fueron en metro hasta la parada de Campo Grande, cercana al estadio Alvalade y a los campos de entrenamiento del fútbol base del Sporting de Lisboa. Cuando salieron de la estación, vieron a un lado el viejo estadio José Alvalade, magnífico, y al otro los campos de entrenamiento. La temperatura era perfecta, veinticuatro grados, y soplaba una ligera brisa. Con la Semana Santa ya encima, los adornos de Pascua se veían por todas partes. Corría el año 1996.

Dolores rodeaba los hombros de su hijo con el brazo. El niño nunca había salido de la isla, y ella lo notaba nervioso. Lo observó e intentó ver su nuevo hogar a través de sus ojos. Por momentos su Cristiano dejaba de ser el pequeñín que ella recordaba.

—Qué deprisa creces —le dijo con voz arrulladora.

—Ya he cumplido los once. Eso significa que tengo responsabilidades —repuso él con orgullo.

El imponente estadio se alzaba a cierta distancia, rodeado por los campos de entrenamiento del Sporting de Lisboa. Todo era enorme. En el Andorinha, Cristiano rebasaba en estatura a todos los jugadores porque era alto para su edad; allí, en cambio, se sintió empequeñecido por la historia, y todo se le antojó un sueño.

Pasado un rato, Cristiano salió al terreno de entrenamiento, y allí estaban Paulo Cardoso y otro entrenador, Osvaldo Silva, en la banda. Sabía que no le quitarían ojo de encima. Echó otra mirada alrededor y, al ver a su madre sentada en una silla un poco más allá, se tranquilizó. Tenía la sensación de que cada vez que ascendía un peldaño en la escala un puñado de adultos observaba todos sus movimientos, y eso lo inquietaba.

Antes de iniciarse la prueba, esperó en compañía de los otros jugadores, y Silva entornó los ojos para examinarlo.

—No es muy corpulento —comentó. Pese a que Cristiano había aumentado de peso en el Nacional, crecía tan deprisa que los kilos no se le notaban.

—Tú espera a verlo jugar —repuso Fernão.

Cardoso sonrió a su amigo y le dio una palmada en la espalda.

—Ya sabía que te quería aquí por algo.

En cuanto el balón se puso en juego, Cristiano, sin temor alguno, arremetió y se hizo con él. Avanzó por el campo con el balón. Siempre que alguien se acercaba, fintaba a izquierda o derecha y de nuevo encontraba un hueco. Todos se quedaron mirando impotentes mientras anotaba el primer gol.

Osvaldo Silva casi dio un traspié la primera vez que lo vio.

—Bien, eso sí ha captado mi atención —comentó.

—Es distinto —aseguró Cardoso, asintiendo, cada vez más entusiasmado con el juego de Cristiano sobre el césped—. ¡Fíjate en cómo usa los dos pies! Quiero verlo otra vez. Mañana. En el otro campo.

Los chicos abandonaron el terreno de juego. Cristiano estaba en medio de ellos, como un conquistador.

—¡Eres increíble! —exclamó un niño.

—Gracias —respondió.

—Sí, pero hablas raro.

Cristiano se detuvo.

—No, yo no. Eres tú quien habla raro. Yo soy de las islas —declaró con orgullo—. De Madeira.

El Sporting nunca había pagado por un jugador del fútbol base, jamás, pero esta vez pagaron por el joven prodigio Cristiano Ronaldo la considerable suma de 27.000 escudos, con la que se saldó una deuda que tenía el Nacional. Ésa fue una excelente noticia para Cristiano, que impresionó a todos en el Sporting durante la prueba.

Ya de vuelta en casa, Cristiano y su familia recibieron con júbilo la confirmación de que se había cerrado un acuerdo. Él no sospechaba que ese momento de alegría se convertiría pronto en temor y tristeza.

Fue su padre quien se lo anunció. Por primera vez en su vida Cristiano viviría lejos de su familia. Sus padres no tenían dinero para trasladar a toda la familia a Lisboa.

11

En agosto de 1997, Cristiano llegó solo a los campos de entrenamiento del Sporting de Lisboa. Estaba aterrorizado.

Fue derecho a la residencia próxima al estadio José Alvalade donde viviría. Receloso, echó un vistazo a su habitación: dos literas, dos escritorios dobles y dos armarios. Vio a tres niños.

Ocupaban una litera Fabio Ferreira, en la cama de abajo, y José Semedo, en la de arriba. En la otra litera, abajo, estaba Miguel Paixão. Encima de éste no había nadie. Era la única cama libre. Era la suya. Bueno, pensó, al menos no dormirían todos en una sola cama. Conocía a sus compañeros de habitación porque los había visto antes en la prueba. Eran buenos jugadores. Dejó su petate en el suelo.

Captó su atención el ruido de un avión al despegar.

—El aeropuerto. No está lejos de aquí —explicó Fabio—. ¿Cómo te llamas?

—Cristiano Ronaldo.

Fabio pensó por un momento.

—Creo que suena mejor «Ronnie».

—Sí —coincidió José—. Ronnie es guay.

Cristiano se encogió de hombros. Era mejor que «Llorica».

Su primer deseo fue escapar de allí. Al despedirse con un beso de sus padres en el aeropuerto de Funchal, todos lloraron. Y cada vez que ellos lloraban, también lloraba él. Distraídamente, consultó la hora. ¿Era demasiado pronto para telefonear a su madre? Si quería escapar, ¿cómo lo haría? Nervioso, dio vueltas y vueltas entre los dedos a una tarjeta de plástico, planteándose las distintas opciones de huida desde la residencia, cómo llegar a pie al aeropuerto y hacer una llamada a Madeira para rogar a alguien que le comprara el billete de vuelta a casa.

—¿Qué es eso? —preguntó Miguel.

—Una tarjeta telefónica —respondió Cristiano.

—Aquí no tendrás mucho tiempo para llamadas —advirtió José.

—¿Por qué?

—Entrenamiento a primera hora de la mañana, colegio de diez a cinco, luego más entrenamiento. Todos los días.

—Colegio —dijo Cristiano con voz trémula. Fernão le había hablado del colegio del Sporting. Según él, su rendimiento allí era tan importante como en el terreno de juego.

—Te gustará este colegio —dijo Fabio—. Todo el mundo es muy amable.

Al cabo de dos días Cristiano estaba de pie ante la clase.

—Hablas raro —gritó alguien desde el fondo del aula, y todos se rieron.

Todos, excepto Fabio, José y Miguel. Y Cristiano.

—¿Hablo raro? —preguntó Cristiano—. Pero si sólo he dicho «Hola». Y perdón por llegar tarde a clase.

Todos se rieron otra vez.

—Ya basta —ordenó el profesor a los alumnos, y abrió su libro.

Cristiano sintió crecer la rabia dentro de él. Miró con ira al niño del fondo que se había burlado de su acento. Allá en Madeira, si te metías con alguien, te llevabas una paliza. Deseó correr hasta él, sacarlo del pupitre y darle una lección. Sintió que se le enrojecía la cara sólo de pensarlo.

El maestro acababa de presentarlo como nuevo alumno, y ya lo detestaban todos.

—Yo no hablo raro. Soy de Madeira —declaró, y todos se rieron una vez más—. ¿Qué tiene eso de gracioso? —vociferó—. ¿Madeira os hace gracia?

—Madeira es preciosa —contestó alguien—. ¡Lo gracioso es tu pronunciación!

Más risas. Aquello era una maldad, y Cristiano no lo aguantaba más.

Percibió un movimiento a sus espaldas y pensó que alguien se acercaba a él por detrás. Cogió una silla y, blandiéndola, se dio media vuelta para detener a su agresor.

Era su profesor.

La clase entera se sumió en el más profundo silencio.

Finalmente el profesor habló:

—¿Va a pegarme con eso, señor Aveiro?

Cristiano tenía la respiración entrecortada. Lentamente dejó la silla. No sabía qué hacer a continuación.

Se le empañaron los ojos. Respiró hondo y salió precipitadamente del aula.

Corrió a tal velocidad que las lágrimas no le resbalaron por las mejillas hacia abajo, sino hacia atrás. No paró hasta llegar al estadio. Se desplomó contra la pared y lloró como nunca había llorado. Minutos después oyó acercarse a unos chicos. Todos hablaban y reían. Se apresuró a entrar en el vestuario.

Éste olía mal y reinaba el desorden. Había toallas húmedas tiradas por todas partes. Cristiano se sentó en un banco para recobrar la compostura. Luego, ya más sereno, volvería a su habitación de la residencia… y planearía la huida.

—¡Eh, Ronnie! —dijo alguien—. Échanos una mano con esto y recoge unas cuantas toallas.

Cristiano alzó la vista cuando Carlos Diaz, uno de sus entrenadores, entró en el vestuario. No se podía creer que estuvieran pidiéndole que recogiera lo que otros habían dejado tirado. Lanzó una mirada iracunda a Diaz.

—Yo juego para el Sporting de Lisboa. ¡No soy la criada! —replicó.

Diaz dejó lo que estaba haciendo y fijó los ojos en él.

—Aquí en el Sporting todos contribuimos. Como ninguno de los chicos responsables de este desorden está aquí, vas a tener que hacerlo tú. —Diaz se había ofendido.

Cristiano deseó tragarse las palabras que acababan de escapársele.

—Lo siento, señor —dijo—. Se han burlado de mí en el colegio, me han faltado al respeto, por mi manera de hablar. Yo…, por favor, déjeme solo.

Diaz observó al niño nuevo.

—¿Me parezco yo a uno de los alumnos que te han faltado al respeto?

Cristiano levantó la vista y lo miró a los ojos; luego movió la cabeza en un lento gesto de negación.

—Oye, aquí, si quieres respeto, tendrás que ganártelo. Por incumplir una orden de un entrenador, te quedarás en el banquillo en el próximo partido. Y en adelante, cuando uno de tus entrenadores te pida ayuda educadamente, piénsatelo dos veces antes de faltarle al respeto tú a él. —Abandonó el vestuario, recogiendo furiosamente toallas sucias a su paso, y finalmente dobló un recodo y desapareció.

Cristiano apoyó la cabeza en las manos y sollozó tanto que lo envolvió su propio eco. De pronto oyó unos pasos.

—Me han dicho que te encontraría aquí. —Era el entrenador Cardoso.

Avergonzado, Cristiano fijó la mirada en el suelo.

Cardoso se sentó a su lado.

—Esos chicos han hecho mal burlándose de ti en clase.

—Quiero volver a casa —anunció Cristiano.

Cardoso exhaló un suspiro.

—Oye, siempre habrá alguien que te haga pasar un mal rato. Lo importante es cómo reaccionas tú ante eso.

Cristiano se puso en pie.

—Supongo que no me he comportado bien.

Cardoso también se levantó.

—Eso es un buen punto de partida. Te diré lo que haremos. Tengo un trabajo para ti.

—¿Un trabajo?

—Quiero que los domingos seas el nuevo recogepelotas. Con el primer equipo. Pagan cinco escudos por partido.

Cristiano no se podía creer lo que oía. Sabía que le asignarían responsabilidades. Pero no esperaba que fuera tan pronto.

—Ahora, si me disculpas, tengo que organizar el regreso de tu madre a Lisboa.

—¿Mi madre?

—He oído que se siente sola. Será mejor para ella y para todos nosotros si vuelve y se queda aquí durante un tiempo.

Cristiano contuvo las lágrimas y tragó saliva.

—Gracias.

12

Cristiano y sus compañeros de habitación —Miguel, José y Fabio— pasaron a ser todos recogepelotas en los partidos del primer equipo. Un día, durante un amistoso, Cristiano cogió un balón que había salido fuera del campo y se lo devolvió al centrocampista del primer equipo del Sporting, que esperaba junto a la línea para sacar. El centrocampista, antes de pasárselo al extremo, le guiñó un ojo y levantó un pulgar.

Después de ganar el partido, los futbolistas abandonaron al trote el terreno de juego. Cristiano y los otros recogepelotas estaban en la banda con las manos extendidas. Los jugadores les chocaban los cinco al dejar el campo. Cuando pasó el último hombre, los recogepelotas formaron un círculo.

—Esta mano —declaró Cristiano, levantando la mano derecha— acaba de tocar la grandeza.

Los chicos se rieron.

—¿Cuánto tenemos si juntamos todo nuestro dinero? Aquí están mis cinco —dijo Cristiano, tendiendo un billete de cinco escudos.

Los demás sacaron también su dinero. Cristiano lo reunió todo y contó los billetes.

—Nos alcanza —afirmó—. Vamos.

Los chicos corrieron hasta la estación de metro de Campo Grande, que estaba cerca del estadio, cogieron la línea verde y se bajaron después de dos paradas. Subieron por la escalera a toda prisa y, nada más salir de la estación, vieron ante sí el magnífico letrero de neón de un restaurante. Cristiano se detuvo con veneración por un momento junto con los demás recogepelotas. El cartel, en grandes letras rojas intermitentes, anunciaba: «Pizza». Los chicos entraron y minutos después salieron ya masticando, cada uno de ellos con dos porciones de pizza.

—¿Cuándo pasa por aquí el último tren? —preguntó uno de los chicos.

—¿Qué más da? —dijo Cristiano—. Volveremos a casa a pie.

Acabó su primera porción y de inmediato pasó a la segunda.

El estadio se hallaba a un par de kilómetros de distancia por una calle de doble sentido que serpenteaba a través de una oscura arboleda. Cuando los chicos doblaban una curva de la calle, cuatro matones salieron de un escondrijo a sus espaldas y se plantaron al otro lado de la calle. Uno de ellos lanzó una piedra y alcanzó a Miguel en la espalda. Éste gritó de dolor.

Cristiano y sus amigos se dieron media vuelta y se quedaron inmóviles mientras los pandilleros avanzaban hacia ellos. Todos llevaban palos y piedras.

—Tenéis toda la pinta de esos que van con dinero en el bolsillo —dijo amenazadoramente el cabecilla de la banda—. Aflojad la mosca, y no os haremos daño.

—¿Qué hacemos, Ronnie? —susurró Fabio, aterrorizado.

—Poneos detrás de mí —musitó Cristiano, y lo apartó de un empujón—. Yo me encargo.

Sus tres amigos se colocaron detrás de él.

—¿Queréis dinero? —preguntó Cristiano, alzando la voz—. ¡Buscaos un trabajo!

El cabecilla, enfurecido, lo señaló con un dedo, y los matones, blandiendo sus palos, arremetieron contra los chicos del Sporting de Lisboa.

—¡Corred! —ordenó Cristiano a sus amigos.

Los tres chicos se alejaron corriendo por la calle hacia el estadio.

Cristiano cerró los puños y se mantuvo firme.

Los miembros de la banda se detuvieron al ver que no se movía.

—¿Y a ti qué te pasa? —gritó el cabecilla.

Cristiano se quedó en medio de la calle, a quince metros de ellos. Eran cuatro contra uno. En las calles de Madeira, jugando al fútbol se había enfrentado a situaciones peores. Aunque allí estaba con amigos.

—Acercaos —dijo entre dientes, y se agachó a coger una piedra del tamaño de un puño.

El cabecilla no hizo ademán de moverse. Los matones se miraron, indecisos.

—Dejémoslo. No vale la pena —ordenó por fin el cabecilla a sus secuaces, y se alejó. Los otros lo siguieron sin mediar palabra.

Cristiano resopló al ver que se retiraban. Un puñado

de matones no iban a intimidarlo. Los vio desaparecer en la noche, y cuando tuvo la certeza de que no volverían, regresó a la residencia.

Su valiente acto de esa noche se difundió rápidamente en la residencia del centro de formación del Sporting, y ya nadie volvió a burlarse de su acento isleño.

13

Cristiano llegó tarde a clase otra vez.

—Señor Aveiro, estoy ya bastante harto de su impuntualidad —lo reprendió el profesor.

—Profesor, ¿podemos mantener esta conversación en privado?

El profesor fijó la mirada en él.

—No, señor Aveiro, ya hemos tenido esas conversaciones, y usted sigue llegando tarde sistemáticamente. Desde luego sí que tendré una conversación en privado, pero no será con usted; será sobre usted. Ahora tome asiento y deje de alterar el orden de mi clase o le pediré que se marche. —Se volvió hacia la pizarra y escribió otra frase acerca de la historia de Portugal.

Cristiano miró con inquina la espalda de su profesor. También él estaba ya harto. Detestaba el colegio y quería dejarlo. No tenía tiempo para las tareas; sólo podía pensar en la ronda final de la competición. El Sporting tenía opciones de ganarlo todo esa temporada. Cuando regresó a la habitación de su residencia después de clase, su madre lo esperaba allí, de pie cerca de la ventana. Había llegado en tren de la ciudad, donde el club le proporcionaba alojamiento.

—Hola, mamá —saludó. No se lo veía muy contento.

—Quiero hablar contigo —dijo Dolores.

—Si es sobre el colegio, puedo explicártelo —respondió él.

—¿Qué pasa con el colegio? —preguntó ella, que no tenía previsto abordar ese tema.

Cristiano vaciló.

—Bueno, es que no me va muy bien. ¿Y tú de qué querías hablar?

Su madre lo observó por un momento, pensando cómo plantearlo.

—De Hugo —dijo por fin.

—¿Qué le pasa?

—Anda un poco descarriado —explicó su madre—. Empezó a frecuentar malas compañías y…, en fin, hemos tenido que meterlo en rehabilitación. Necesita ayuda, Cristiano.

El chico suspiró.

—No quería que te enteraras por otros. Ya sabes cómo corre la voz con estas cosas —continuó ella. No se sentía muy cómoda hablando con su hijo menor sobre ese asunto, pero era importante comunicarle lo que ocurría en casa. Él ya llevaba fuera un tiempo—. Estas cosas deben quedar en familia.

Cristiano se dio cuenta de que aquello era difícil para su madre y la abrazó.

—Lo sé —consiguió decir.

—Tú concéntrate en el colegio y en los entrenamientos. Yo me ocuparé de la familia —afirmó ella.

—De acuerdo, mamá. ¿Es eso todo lo que has venido a decirme? —preguntó Cristiano, adivinando que había algo más.

Su madre lo miró a los ojos.

—No —contestó, y tardó en contar el resto—. No puedo ocuparme de la familia desde Lisboa. Voy a volver a casa durante un tiempo.

Cristiano intentó no exteriorizar nada, pero la idea lo aterrorizó. Sabía no obstante que era lo correcto.

—Ya me las arreglaré —dijo, pese a que no estaba muy seguro de eso—. Además, vamos a ganar el campeonato. Y eso significa que jugaremos contra el Marítimo.

—¡El Marítimo! ¿Jugaréis contra ellos en la isla, pues? —preguntó Dolores con tono esperanzado.

—Sí. Es imposible que perdamos. Estoy impaciente. No te preocupes por mí. Pronto iré a casa y cuidaremos de papá y de Hugo juntos.

Dolores le dio un beso en la frente.

Una semana más tarde Cristiano estaba en clase cuando se enteró de que pronto se conocería la lista de jugadores convocados para el partido de la eliminatoria contra el Marítimo. Todos los alumnos andaban alborotados. Él se lo imaginaba ya todo: su familia y sus amigos sentados en las gradas viéndolo jugar en un partido oficial contra el equipo local. «Por favor, papá, perdóname por ganar a tu equipo preferido, pero tenía que hacerlo.» Era una idea feliz y satisfactoria. El niño de la Rua Quinta Falcão se lleva a casa la copa. Era un sueño hecho realidad.

Los compañeros de equipo de Cristiano se aglomeraron en torno al tablón de anuncios donde se colgaba la lista de convocados, señalándola, leyéndola, alejándose contentos o defraudados. Cuando Cristiano se acercó a ellos, le dejaron hueco para que mirara. Estiró el brazo y recorrió con el dedo la lista de nombres, alegrándose por todos sus amigos al verlos en ella. Pero llegó al final de la lista y su nombre no aparecía. «Aquí debe de haber un error», pensó. Echó una ojeada alrededor, y sus compañeros eludieron su mirada. Volvió a recorrer la lista con el dedo. Tampoco esta vez encontró su nombre.

—No estoy convocado —se oyó decir.

Los demás no pronunciaron palabra.

Deslizó el dedo por la lista dos veces más, pero su nombre no apareció milagrosamente. Estaba claro que no constaba en la lista.

Fabio, a su lado, comentó:

—Deben de haberse equivocado, Ronnie.

Cristiano miró sucesivamente a sus compañeros de equipo. Se volvió y se alejó corriendo por el pasillo. No quería que lo vieran llorar. No paró de correr hasta las oficinas del centro de entrenamiento. Aurelio Pereira estaba en la puerta cuando Cristiano llegó allí.

—¡No estoy en la lista de convocados! ¡Debe de ser un error!

—No es ningún error —respondió Pereira con frialdad.

—Pero si soy su mejor jugador, ¿cómo pueden dejarme fuera?

—Verás, no ha sido una decisión fácil. Pero ya te advertí acerca del rendimiento escolar. Siempre llegas tarde a clase, y esto si te presentas. Faltas al respeto al profesor y alteras el orden. Faltaste al respeto a tu entrenador. Los estudios te traen sin cuidado, así que te dejamos fuera. No estudias, no juegas. Siempre te lo he dicho. No viajarás con nosotros a Madeira.

—Pero mi familia…

—Tu familia ya lo sabe. Hemos hablado con ellos por teléfono —informó Pereira—. Creo que va siendo hora de que recapacites. —Dio una palmada a Cristiano en el hombro, y éste se apartó furioso—. Ya hablaremos cuando volvamos. —Dicho esto, entró en su despacho y cerró la puerta.

Cristiano retrocedió, se desplomó contra la pared que tenía a sus espaldas y lloró. Se esfumó de pronto el sueño de volver a casa y jugar contra el Marítimo.

14

—¿En qué año empezó la conquista musulmana de España? —preguntó el profesor.
Cristiano levantó la mano de inmediato. Pocos meses antes había pasado del fondo de la clase a un pupitre en la zona media.
—¿Ron?
—En el 711 —contestó.
—Correcto —confirmó el profesor. Acto seguido anunció a la clase—: Bien, pues, eso es todo por hoy. Tenéis revisión médica. Os dejo salir antes porque la cola en la enfermería empieza a ser ya un tanto larga. Se acabó la clase.
Todos los alumnos se levantaron y abandonaron el aula.
La cola que salía de la enfermería serpenteaba por la pequeña antesala y llegaba al campo de entrenamiento cercano. Cristiano se colocó al final, justo detrás de Fabio.
Al cabo de una hora entró por fin en la enfermería. En la habitación pintada de blanco no había más que un armario y una camilla de reconocimiento en el centro. El médico y una enfermera estaban detrás de ésta.
—Por favor, siéntate en la camilla —ordenó la

enfermera a la vez que pasaba una hoja en su sujetapapeles—. ¿Nombre?

—¿No me reconoce? —preguntó Cristiano en broma.

—Muy gracioso —contraatacó sarcásticamente la enfermera—. Te pondremos una inyección más por ser una estrella.

—¡Un momento! —protestó Cristiano.

—¿Nombre?

—Cristiano Ronaldo dos Santos Aveiro.

La enfermera sonrió mientras anotaba el nombre en una hoja, le puso el brazalete del tensiómetro y bombeó. Apuntó la lectura. Informó al médico, que estaba llenando una jeringuilla. En lugar de ponerle una inyección, el médico dejó la jeringuilla y, presionando la muñeca de Cristiano con dos dedos, le tomó el pulso. Al cabo de un momento retiró la mano y la enfermera le entregó el sujetapapeles. El médico anotó algo. Luego cogió un instrumento, midió el hueso del brazo del chico y apuntó otro dato.

—Buen crecimiento —comentó. Era la primera vez que hablaba—. Vas a ser alto.

—Ya soy alto —contestó Cristiano.

El doctor sonrió educadamente y escribió algo en el informe.

—Tengo una duda —dijo sin previo aviso—. Tu ritmo cardiaco en reposo es demasiado alto. Voy a pedir unas pruebas.

—Es sólo que estoy nervioso —explicó Cristiano.

La enfermera empujó el émbolo de la jeringuilla para sacar las burbujas de aire. Luego le clavó la aguja en el brazo.

—¡Ay! —exclamó Cristiano.

—¿Qué te ha parecido eso, superestrella? —preguntó la mujer.

Él le dirigió una amplia sonrisa y saltó de la camilla. Le enfermera le entregó un papel.

—La semana que viene alguien te llevará a la ciudad.

Según lo anunciado, al cabo de una semana Cristiano se traqueteaba en el asiento de atrás del coche de Pereira con Leonel Pontes, su tutor, a un lado y el médico del club al otro. Pereira dobló por la carretera principal hacia Lisboa.

Poco después Cristiano se hallaba tendido boca arriba en la plataforma de la máquina de resonancia magnética con una pequeña almohada bajo la cabeza.

—Bueno, puedes respirar, pero procura no moverte, por favor —indicó el técnico, y le puso unos auriculares en los oídos.

—Espero que esto sea música brasileña —dijo él, golpeteando los auriculares con los dedos.

El técnico sonrió.

—Quédate totalmente quieto.

Retrocedió, se acercó al panel de control y pulsó unos botones. La máquina cobró vida con un zumbido, y Cristiano, junto con la plataforma, se deslizó lentamente hacia el interior del túnel hasta que sólo le asomaban los pies.

Después de la resonancia, Cristiano fue conducido a una pequeña sala de reuniones, acompañado por Pereira, Pontes y el médico del club. Se sentó, cogió una revista y empezó a leerla.

El cardiólogo tenía colgadas las imágenes de la resonancia magnética en un negatoscopio.

—Veamos —dijo el médico a Pereira—. Han hecho bien en traérnoslo. ¿Ven esto de aquí? —Señaló una mancha oscura en la resonancia—. Es un defecto. Probablemente de nacimiento.

Cristiano bajó la revista.

Pereira se levantó.

—¿Es grave?

—El corazón siempre es un asunto delicado —contestó el cardiólogo—. En este caso el defecto tiene solución. Voy a programar ya la intervención.

Cristiano tomó aire y notó que el corazón se le aceleraba aún más que de costumbre. Se sintió mareado.

—¿Voy a morir? —preguntó—. Sólo tengo quince años.

—Hoy no —respondió el cardiólogo—. Por cierto, te dispararemos con un láser.

—Eso no me anima mucho —dijo Cristiano.

—¿Podrá volver a jugar? —preguntó Pereira.

El cardiólogo tardó en contestar.

—Sinceramente, no lo sé.

15
· · · · ·

La intervención por láser a la que se sometió Cristiano para corregir su defecto en el corazón fue un éxito y, para gran alivio suyo, volvió al terreno de juego en menos de una semana. Aquello, que parecía una mala manera de empezar el nuevo siglo, resultó ser una bendición. Ahora se sentía más fuerte y corría aún más que antes. Era casi como si hubiera duplicado su velocidad, y daba la impresión de que nunca se quedaba sin energía.

El equipo técnico lo observó con asombro cuando saltó al campo para participar en su primer partido después de la operación.

—Es un milagro. ¡Cristiano Ronaldo es un milagro! —exclamó Cardoso, maravillado desde su asiento en las gradas.

Augusto Inácio, el director deportivo del club, llegó con otros dos hombres: José Mourinho, el primer entrenador del Oporto, y un ayudante.

Cristiano, desde el campo, reconoció a Mourinho y se le aceleró el corazón. «Cálmate», se dijo.

—Caray, ahora dejan entrar aquí a cualquiera —comentó Cardoso, y tendió la mano al famoso entrenador cuando éste se sentó.

—Yo estaba a punto de decir lo mismo —contestó Mourinho, sonriendo a su amigo.

—¿Qué hace aquí el primer entrenador del Oporto? —preguntó Cardoso.

—Echaba de menos a mis compañeros —mintió Mourinho, y fijó la atención en el campo—. ¿Quieres que te diga la verdad? He venido para ver a ese chico vuestro de quince años.

Inácio se sentó a su lado.

—Debes de referirte a nuestro Ronnie.

Cristiano avanzó por el campo a una velocidad nunca vista. Ricardo Quaresma, delantero de diecisiete años, no podía seguirle el ritmo.

—Juraría que corre más ahora que antes de la operación —comentó Silva—. ¿Es posible?

—Deberían ponerle una multa por exceso de velocidad —bromeó Pereira.

—Si pudieran alcanzarlo, se la pondrían —dijo Silva.

Todos los técnicos rieron. Su niño prodigio había vuelto al terreno de juego, y mejor que nunca.

Mourinho se inclinó hacia su ayudante y le susurró al oído:

—Mira, por ahí va el hijo de Van Basten.

—Te he oído —dijo Inácio con una sonrisa—. Y todavía no podéis llevároslo.

—¿Quién ha dicho que lo queramos, Augusto? Estoy aquí para ver un partido con mis compañeros, nada más. No me digas que te arrepientes de haberme invitado —replicó Mourinho con tono burlón—.

Vuestro Ronnie es único. Lo veo en el primer equipo dentro de un año.

—Por más bacalao que le demos, sigue igual de flaco —observó Inácio—. Si juega contra esos bestias del Sub Dieciocho y demuestra lo que sabe hacer, se lo comerán vivo.

—Pues tendrás que fortalecerlo —respondió Mourinho.

Inácio siguió el consejo de su amigo Mourinho y alineó a Cristiano, a sus quince años, en el equipo Sub 16, pero al cabo de dos semanas jugaba ya con el Sub 17, después de exhibir su increíble habilidad individual en tres partidos, anotando un total de ocho goles. Los equipos rivales no podían competir con su maestría sobre el césped cuando recortaba y zigzagueaba entre los defensas con la bola pegada al pie. Inácio enfrentó al Sub 17, con Cristiano en la alineación, contra el Sub 18, y se impuso el conjunto de menor edad. Al día siguiente lo ascendieron de nuevo. El Sub 18 jugaba ese día contra el filial del Sporting, compuesto por los reservas del primer equipo.

Cristiano llegó al trote hasta la línea de banda y saltó al campo.

El delantero centro del filial no se lo podía creer.

—¡Eh! ¿Adónde te has creído que vas, ET? —preguntó.

Cristiano se detuvo, se volvió de cara a él y sonrió. Le gustó su nuevo apodo. Primero Abejita, luego Llorica, después Ronnie, y ahora ET. Lo llamaban ET porque lo consideraban un extraterrestre. El sobrenombre le complacía.

—Tu equipo está allí —indicó el delantero, señalando el campo contrario, donde los jugadores de menor edad salían al terreno de juego.

—¿No te lo ha dicho nadie? Soy vuestro nuevo extremo.

Le dirigió una sonrisa radiante y ocupó su posición. Y llevó al equipo a la victoria, marcando dos goles como parte de una actuación extraordinaria, y ya en la cabeza de nadie cupo la menor duda de dónde estaba su verdadero lugar.

Al cabo de un mes Cristiano jugaba al FIFA tumbado en su cama cuando un administrativo del equipo entró y le echó un gran sobre amarillo sobre el pecho.

—Día de paga —anunció sin más explicaciones, y se marchó.

Cristiano se apresuró a romper el sobre y cayó de dentro un grueso fajo de euros. Más de lo que esperaba. Los contó pasándolos con el dedo.

Corrió hasta las oficinas, llamó a la puerta de la contable y entró. La contable del club, sentada a su escritorio, tecleaba a una velocidad asombrosa en una calculadora enorme.

—¿En qué puedo ayudarte? —preguntó.

Cristiano agitó los billetes.

—¡Aquí hay doscientos ochenta euros!

Se deslizó las gafas de media lente hacia la punta de la nariz y dejó escapar un suspiro.

—¿Nombre?

—Cristiano Ronaldo —contestó—. Pero puede llamarme ET.

—Ah, sí —dijo ella, como si hubiera oído su nombre mil veces. Abrió un libro de gran tamaño, pasó las hojas y se detuvo al encontrar su nombre—. Ésa es la cantidad correcta. ¿Quieres decir que te he dado de menos?

—No —contestó Cristiano—. Quiero decir que me ha dado más de lo que me corresponde.

—Bueno, eso sí que es nuevo —comentó ella—. Verás, éste es tu finiquito. ¿Has jugado o no con el Sub 16, el Sub 17 y el Sub 18 este año?

—¿Finiquito? —preguntó Cristiano, y empezó a temblar—. ¡No lo entiendo!

Augusto Inácio y su colaborador inmediato, Manuel Fernandes, entraron en el despacho y se acercaron a la contable.

—¿He oído que Ronnie pretende devolvernos el dinero? —preguntó, dirigiéndose más bien a Cristiano. Estaban al acecho fuera del despacho y lo habían oído todo.

—Sí —contestó la contable—. Según parece, piensa que le pagamos demasiado.

—No, no es eso. Sólo sentía curiosidad por saber...

—Tu agente es Luis Vega, ¿cierto?

—Sí, señor, pero ¿qué tiene eso que ver con...?

—Pues ya no lo es.

Cristiano se sintió como si hubiera recibido un golpe por detrás. Se le cayó el alma a los pies y notó que la sangre le subía a la cara. Creía haber dejado atrás la mala suerte. Y ahora eso. Se acabó el Sporting. Se acabó el agente.

—¿E... estoy despedido, señor?

Inácio apartó la vista del cajón del archivo en el que buscaba algo y se detuvo a pensar por un momento; de pronto Fernandes y él prorrumpieron en carcajadas.

—¿Despedido? Sí, te despido. ¡Hacia arriba, al primer equipo! —Se rieron aún más, y Cristiano tardó unos segundos en entender lo que ocurría.

—¿El primer equipo?

—Y creemos que necesitas un nuevo representante personal. Ya he llamado a Jorge Mendes.

Cristiano contuvo la respiración. Había oído hablar de Mendes. Era uno de los mejores agentes del sector.

—No puedo negociar un contrato directamente contigo, ¿verdad que no? Quizá te vendieras por poco —explicó Inácio.

—Yo nunca me vendería por poco —se jactó Cristiano.

—¿En serio? Entonces, ¿por qué has venido a quejarte de que te hemos pagado demasiado?

—¡No he venido por eso! Era sólo que... —Se interrumpió y desplegó una ancha sonrisa.

—De todos los chicos de dieciséis años con quienes he tenido el placer de colaborar, eres uno de los más maduros. Y espero que estés muchos años en el primer equipo. Enhorabuena, Ronnie —dijo, y le tendió la mano.

Cristiano dio un apretón al director deportivo del club, primero despacio, luego con entusiasmo. Finalmente perdió el control por completo, se abalanzó sobre Inácio y lo abrazó como a uno de sus compañeros de equipo. Intentó recobrar la compostura y, conteniendo las lágrimas, miró al hombre a los ojos.

Inácio advirtió los esfuerzos del muchacho.

—Vaya, ya veo por qué te llaman Llorica.

—¡¿Así me llaman?! —dijo Ronaldo con fingida sorpresa.

Pero no pudo mantener el semblante serio y se echó a reír. Era una risa contagiosa, e Inácio, Fernandes y la contable lo imitaron.

Cristiano contrató al agente de superestrellas Jorge Mendes para que lo guiara en la siguiente etapa de su trayectoria, que incluyó abandonar la residencia y pasar a vivir en su propio apartamento de Lisboa. En agosto de 2001 Cristiano firmó su primer contrato profesional: un acuerdo en exclusiva con el Sporting de Lisboa por dos mil euros al mes y una cláusula de rescisión de veinte millones. En adelante su vida cambiaría a un ritmo frenético.

Lo primero que hizo cuando recibió un buen pellizco de dinero fue mandarlo a casa. Su hermano Hugo se había sometido a la rehabilitación, pero no había dado resultado. Cristiano estaba muy preocupado por él. Los médicos de Madeira recomendaron otro tratamiento de rehabilitación. Esta vez lo pagó él. Su padre también había entrado en rehabilitación, por el alcoholismo. La flamante estrella de fútbol rezó para que todo saliera bien.

16

Cristiano esperaba con entusiasmo el partido amistoso entre el Sporting y el Manchester United. Los Diablos Rojos visitaban Lisboa para inaugurar el nuevo y modernísimo estadio José Alvalade XXI, construido en Alcohete en el verano de 2003. Un amigo había dicho a Cristiano que habría muchísimos ojeadores, todos atentos a él.

Carlos Queiroz, que fue entrenador del Sporting en la década de 1990, era ahora el segundo de sir Alex Ferguson en el Manchester United, y tenía una estrecha relación con su superior. Ronaldo había llamado su atención hacía ya un par de años, y venían observándolo desde entonces. Ésa era su primera oportunidad para echarle un buen vistazo en un partido importante.

—¡Eh, chicos, escuchad eso! —exclamó Cristiano, y su voz resonó en las paredes del vestuario.

Sus compañeros de equipo dejaron lo que estaban haciendo.

—¿Qué debemos escuchar, Ronnie? —preguntó João Pinto.

Fuera, el bullicio del público era cada vez mayor.

—¿Lo oís?

—Sí. Los hinchas.

—Cincuenta y dos mil —precisó Cristiano.

—Sí —convino Luis Filipe—. ¿Y qué?

—Han venido todos para verme a mí —afirmó Cristiano audazmente, hinchando el pecho.

—¡Por favor! ¡Agarrad a este tío! —exclamó Lourenço. Se abalanzó sobre Cristiano, lo tiró al suelo y se echó sobre él—. ¡Agarradlo! ¡Antes de que empiece a llorar!

Cristiano se rió e intentó zafarse, pero otros se apiñaron sobre él y no lo dejaron moverse.

—¡Retíralo! —exigió Pinto.

—Vale, vale —dijo Cristiano forcejeando y riendo—. ¡Lo retiro! ¡Lo retiro!

Sus compañeros se apartaron de él, y Pinto lo ayudó a levantarse.

—Tienes que respetar a tus mayores —aconsejó en broma.

—Vale, lo admito: algunos de los hinchas vienen por vosotros —dijo Cristiano.

Todos se echaron a reír.

El nuevo entrenador, Fernando Santos, entró en el vestuario. El partido estaba a punto de empezar.

—Bien, pues. Tengo dos noticias: una buena y una mala. La mala es que Ferguson nos considera una pandilla de *chorãos*.

Se rieron. Ferguson creía que eran una pandilla de «quejicas».

—¿Y cuál es la buena noticia? —preguntó Cristiano.

—La buena noticia es que vamos a ganar —respondió Santos.

Faltaban diez minutos para el comienzo del partido. Cristiano sabía que su familia estaría en las gradas y se le aceleró el corazón.

Dolores y José Dinis tenían asientos de VIP en el palco presidencial. Su padre había terminado su periodo de rehabilitación y dejado la bebida, pero ese día no se encontraba bien, y su madre habría preferido que se quedara a descansar en la habitación del hotel. Así y todo, él insistió en ir al estadio para ver jugar a su hijo. Dolores no le quitaba ojo de encima. Lo conocía demasiado bien. Si algo lo preocupaba de verdad, intentaría escondérselo. Según los médicos, tenía los riñones y el hígado muy deteriorados, y él esperaba que se equivocaran. Ella sabía que no era así.

—Vas a ir al médico —le dijo.

—Después del partido —insistió José Dinis.

El encuentro se inició y el juego fue lento en sus primeros compases. Al cabo de quince minutos el centrocampista Fabio Rochemback lanzó una falta desde una posición prometedora y falló. El balón pasó rozando la escuadra. Fabien Barthez, el legendario portero del Manchester United, lo miró con una amplia sonrisa. Al cabo de unos minutos Cristiano disparó a puerta, pero el francés despejó el balón. Esa situación se repitió una y otra vez para Cristiano a lo largo del partido. Enloqueció a John O'Shea, el medio del United que lo marcaba, pero fue incapaz de transformar en ninguna de sus jugadas. Finalmente Rio Jorge centró a Luis Filipe, y éste consiguió batir a Barthez, anotando el primero del Sporting. El delirio estalló en las gradas entre los cincuenta mil seguidores presentes en el Alvalade.

Sir Alex Ferguson, en el banquillo visitante, no quitaba ojo a Cristiano. El chico exhibió un gran talento. Ferguson supo apreciar su destreza técnica, su ritmo y sus potentes disparos a puerta.

Ferguson miró a su segundo entrenador portugués y asintió con la cabeza. Queiroz supo que había tomado una decisión.

En la media parte, el director general del Manchester United, Peter Kenyon, bajó apresuradamente por las gradas y se acercó a sir Alex Ferguson.

—Ya sé lo que vas a decir, Fergie —dijo.

—No nos marcharemos de este estadio sin contratar a ese chico —declaró Ferguson—. ¿Era eso?

Kenyon miró hacia la caseta del Sporting de Lisboa y asintió.

—Palabra por palabra.

En la segunda parte, el Sporting salió al campo con el uniforme blanquinegro, su segunda equipación, para confundir al Manchester United y cogerlo desprevenido. Dio resultado. Pinto marcó otros dos goles, uno tras una asistencia de Cristiano, y el partido terminó 3 a 1.

En el avión, de regreso al Reino Unido, Ferguson recorrió el pasillo y se detuvo junto al asiento de John O'Shea.

—Dime, John, ¿necesitas algo para el dolor de cabeza que te ha provocado hoy ese chico, el tal Ronaldo?

—Bueno, sí, pero conozco el remedio —respondió John O'Shea—. Hemos hecho una votación.

—Extendiendo un brazo, abarcó con un gesto a los demás miembros del equipo presentes en el avión.

—¿Una votación? —Ferguson lo encontró gracioso—. Una votación ¿sobre qué? Esto no es una democracia, John. Aquí mando yo.

—Queremos a Cristiano Ronaldo en el equipo.

Ferguson echó una ojeada alrededor, y cuando su mirada y la de Carlos Queiroz coincidieron, intercambiaron una sonrisa. La decisión estaba tomada, y grabada en piedra. Pero eso el equipo aún no lo sabía.

Todos los miembros del conjunto estaban de acuerdo con O'Shea.

—¿No hablarás en serio? No ha marcado un solo gol —dijo Ferguson.

—Con el debido respeto —intervino Fabien Barthez—, ¿qué partido estaba usted viendo?

Ferguson, sonriente, observó a sus hombres.

—Me alegro de que estemos todos de acuerdo. ¿Qué imagen daríamos si lleváramos al chico al Manchester y luego lo despreciarais?

Al comprender lo que escondían sus palabras, el equipo lo vitoreó. Cuando Ferguson regresaba a su asiento, se detuvo junto a Queiroz y susurró:

—Misión cumplida.

Después del partido de aquel día, Ferguson y Peter Kenyon mantuvieron una conversación en privado con Cristiano y su nuevo agente, y al día siguiente lo llevaron en un avión privado a Manchester, Inglaterra. El Sporting accedió a venderlo al Manchester United por más de doce millones de libras.

17

Cristiano entró en el despacho de sir Alex Ferguson en Old Trafford, en Manchester, Inglaterra. Carlos Queiroz lo acompañaba para actuar como intérprete. El muchacho de Madeira no hablaba inglés. Sir Alex, ante la ventana, contemplaba el campo, donde entrenaba un equipo.

—¿Deseaba verme? —preguntó Cristiano.

Ferguson se apartó de la ventana y señaló a sus espaldas con el pulgar.

—En el mundo del fútbol no hay mejor vista que ésta, ¿no te parece, Chris? —preguntó.

Cristiano asintió. «Vaya, otro apodo nuevo», pensó.

—Necesitamos un número para ti —anunció sir Alex.

—Ah, el número. El número de la camiseta —dijo Cristiano—. ¿Hay algún problema si uso el veintiocho? Es mi antiguo número en el Sporting.

Sir Alex le sonrió.

—Teníamos en mente un número un poco más bajo —explicó a la vez que cogía una camiseta roja de su mesa y se la tendía. Cristiano la aceptó y la desplegó. Tenía en el dorsal el número siete y su nombre en grandes y visibles letras blancas.

Contuvo la respiración.

—¡El siete! —exclamó, levantando un poco demasiado la voz—. ¡Pero si es el número de Beckham!

—Y el de Berry y el de Best y el de Coppell y el de Robson y el de Cantona —añadió Ferguson, sonriéndole—. Y ahora es el tuyo. No lo estarás rechazando, ¿verdad? —bromeó.

Cristiano se sonrojó.

—¡No, señor! ¡No estoy tan loco como todos dicen!

Sir Alex y Queiroz se echaron a reír.

—Sólo espero dar la talla —agregó Cristiano.

—La darás —aseguró sir Alex.

Tres días después Cristiano Ronaldo se puso la camiseta roja por primera vez y, en su debut con el Manchester United, en un partido contra el Bolton, empezó como suplente. Se sentó en el banquillo junto a Eric Djemba-Djemba.

—¿Todo está pasándote muy deprisa? —preguntó Djemba-Djemba.

—No lo bastante deprisa —respondió Cristiano con la vista fija en el terreno de juego y los nervios a flor de piel. «Quizás están poniendo a prueba mi paciencia», pensó.

—Entras tú, Ronnie —anunció Queiroz, y Cristiano empezó a calentar.

En el minuto sesenta de juego, Cristiano Ronaldo sustituyó a Nicky Butt.

—Están cansados —dijo sir Alex—. Abre un agujero en la defensa.

—¡Sí, señor! —respondió Cristiano.

Nicky Butt dio una palmada en la mano a Ronaldo, y el primer jugador portugués en la historia del Manchester United saltó al césped del Old Trafford por primera vez. El sistema de megafonía anunció su nombre, y el público rugió de placer.

El Manchester United ganaba por 1 a 0, y había llegado la hora de ver si el adolescente más caro del mundo podía contribuir a que la victoria fuera inevitable.

El Bolton, tratando a Cristiano sin la menor compasión, fue a por él con saña, pero en las calles de Madeira, el lugar donde había crecido ese chico de dieciocho años, recibir golpes formaba parte del juego.

Cristiano asistió a Ryan Giggs en el segundo gol. Otros dos tantos de Paul Scholes y Ruud van Nistelrooy dieron la victoria a los Diablos Rojos por 4 a 0. Los seguidores enloquecieron. Cuando Cristiano abandonó el campo, los espectadores estaban en pie y las gradas temblaban de entusiasmo.

—Parece que la hinchada tiene un nuevo héroe —comentó Ferguson, y dio una palmada a Queiroz en la espalda.

Los dos se volvieron y se marcharon detrás de los jugadores.

18

Cristiano dependía de Carlos Queiroz como intérprete, así que se llevó un disgusto cuando su entrenador fue a su casa de Alderly Edge a darle la noticia.

—No seguiré contigo, Ronnie. Me voy del Manchester —anunció Carlos Queiroz.

—Pero... ¿quién hablará por mí? —preguntó Cristiano con tono suplicante.

—Tú mismo —respondió Queiroz—. Ya es hora de que aprendas inglés.

Él sonrió.

—¿Eso significa que se me permitirá equivocarme?

Hablaba en broma, y Queiroz, dándose cuenta, se rió a la vez que movía la cabeza en un gesto de negación.

—No. Francisco Filho se asegurará de que no dices al jefe lo que no conviene.

Filho, brasileño, era entrenador del fútbol base del Manchester United desde hacía un año. Él lo ayudaría en las cuestiones de traducción.

Cristiano sabía que echaría mucho de menos a su mentor.

—Filho es buena persona, pero no es tú —dijo.

—Oye, a mí también me duele. Pero tiene que haber

una razón muy especial para que te deje ahora, eso lo sabes, ¿no?

—Mejor será que la haya —advirtió Cristiano con una media sonrisa—. ¿A quién le voy a llorar cuando me den de palos en el campo?

—Te he visto jugar, y creo que puedes apañártelas muy bien tú solo. ¿No vas a preguntarme por qué me voy?

—Ya lo sé. Vas a ir a entrenar al Real Madrid.

—Cristiano guardó silencio por un momento. Era como si de pronto el azar hubiera dado un nuevo rumbo a su vida—. ¿Te he contado alguna vez mi gran sueño? ¡Lo tengo desde niño!

—No, pero imagino que vas a decírmelo ahora —contestó Queiroz irónicamente.

—Quiero jugar con el Real Madrid.

El hombre sonrió.

—¿Y quién no?

Cristiano soltó una carcajada. Eso era lo que decía siempre su padrino. Sonrió a su entrenador.

—No te olvides de mí —dijo.

Queiroz se quedó inmóvil y examinó al muchacho.

—¿Cómo voy a olvidarme de ti?

Lo quería como a un hijo, y llevarlo al United había sido idea suya. La carrera de Cristiano no había hecho más que empezar, y él no estaría allí para verlo.

—¡Aprende inglés! —instó, señalándolo con el dedo.

Cristiano sonrió y lo abrazó. Queiroz se marchó de Manchester al cabo de unos días con destino a Madrid, pero sus caminos no tardarían en volver a cruzarse.

Al día siguiente Luis Felipe Scolari, apodado Felipão, entrenador de la selección nacional portuguesa, telefoneó a Cristiano y lo invitó a jugar en un amistoso internacional contra Kazajistán. Jorge Mendes, su agente, iba ya hacia allí con los billetes de avión para viajar a Chaves, Portugal, donde se había concentrado la selección.

Cuando sir Alex Ferguson se enteró de que Felipão, que había ganado la Copa del Mundo con Brasil en 2002, se disponía a llevarse a su nuevo prodigio durante el fin de semana, cogió el teléfono y lo llamó.

—Ya sabes que estoy dosificando a Cristiano, así que júrame que no le exigirás un esfuerzo excesivo.

—¿Cómo iba yo a hacer eso, Fergie? —bromeó Scolari.

—Yo no hablo en broma, Felipão —repuso sir Alex—. Tengo grandes planes para él..., no me los estropees, —dijo, y colgó.

Tres días más tarde Luis Figo y Rui Costa, estrellas de talla mundial y líderes del combinado nacional, se llevaron a Cristiano aparte en el vestuario antes del partido. Él no podía creérselo. Allí estaban sus héroes dándole consejos antes de un encuentro.

—Tú conserva la calma —recomendó Figo—. Juega como siempre.

—No te dejes llevar por las emociones —indicó Rui Costa.

En la media parte, Cristiano sabía que iba a salir al terreno de juego. Scolari dio la señal y el extremo a quien él sustituía abandonó el campo al trote y corrió derecho hacia él. Cristiano contuvo la respiración cuando Luis Figo lo abrazó.

—Tú conserva la calma —susurró, y le dio una palmada en la mano. Luego siguió hacia el banquillo para ver el resto del partido. Dolores lo presenció todo. Su hijo. Figo. Estaba muy orgullosa. José Dinis había enmudecido.

Cristiano se miró la mano en la que Figo le había dado la palmada y sonrió.

—¡Esta mano acaba de tocar la grandeza! —dijo. Acto seguido se alejó por el campo para ocupar su posición como extremo de la selección nacional portuguesa.

Esa noche, más tarde, mientras Cristiano esperaba frente al hotel de concentración un coche que lo condujera al aeropuerto para volar de regreso a Manchester, Scolari salió del vestíbulo agitando un periódico.

—¡Echa un vistazo a esto! —dijo, y le entregó el diario.

Cristiano lo abrió por la sección de deportes. Lo habían designado «jugador del encuentro». Alzó la vista y sonrió, contento como nunca en la vida.

—¡Enhorabuena! —lo felicitó Scolari.

Una limusina se detuvo ante él y el chófer salió para abrirle la puerta. Cristiano se subió, y Scolari se inclinó junto a la puerta abierta.

—No te olvides de decirle a Fergie que no te he exigido un esfuerzo excesivo.

—No, entrenador. Ya se lo diré —respondió, y Scolari cerró la puerta.

Cuando Cristiano volvió a Inglaterra, jugó otros treinta y nueve partidos esa temporada, anotó ocho goles y ayudó al Manchester United a ganar la FA Cup por primera vez en cuatro años. Fue el 22 de mayo de 2004.

—Puedes mejorar mucho —le había dicho su entrenador—. Y mejorarás.

19
· · · · ·

Cristiano tenía la mirada fija en el techo de la habitación de su hotel de Moscú. Corría el mes de septiembre de 2005 y faltaba poco para el partido. Se incorporó y encendió el televisor con el mando a distancia. Todos los canales estaban en ruso. No entendía de qué hablaban. Se inclinó a un lado de la cama, revolvió en su bolsa de la selección nacional portuguesa y por fin encontró lo que buscaba: una galleta envuelta. La desenvolvió y se la comió vorazmente. El enfrentamiento contra Rusia se disputaría al cabo de un par de horas. Era determinante para conseguir la clasificación en el Mundial de 2006.

Sonó el teléfono, y Cristiano, sobresaltado, dio un brinco.

—Ronnie, necesito que vengas a mi habitación.

—Era Scolari, y parecía asustado.

Cristiano, sin pérdida de tiempo, se puso un pantalón y una camiseta, se calzó y corrió por el pasillo hacia la habitación de Felipão, a unas cuantas puertas de la suya. Cuando llamó, Luis Figo abrió y le dejó pasar. Aquello era muy extraño. Rui Costa también estaba allí.

—¿Ahora nos reunimos en habitaciones de hoteles rusos? —preguntó Cristiano en broma.

En la habitación nadie se reía.

—Ron, es tu padre —dijo Scolari.

Cristiano sintió una gran opresión en el pecho. Sabía que eso podía ocurrir; venían previniéndolo desde julio, cuando organizó el traslado de su padre a Londres para internarlo en un hospital. «Por favor, ahora no —pensó—. No estoy preparado.»

—Sigue en el hospital de Londres, ¿no? —preguntó, apoyándose en una silla.

—Ha fallecido hace unos minutos —anunció Scolari—. Acabo de hablar con el médico.

Cristiano se sintió como si la vida hubiera escapado de él.

—¿Có... cómo es posible? He hablado con él esta mañana —dijo.

—Ha luchado mucho, pero su batalla ha terminado y ya no siente dolor. —No fue fácil para Scolari comunicarle la noticia, y Figo le rodeó los hombros con un brazo para darle apoyo.

—Ha perdido la guerra, Ronnie, lo siento mucho —dijo—. Ahora está en manos de Dios.

Scolari lo observó por un momento.

—Nunca he contado esto antes..., pero yo también perdí a mi padre. Sé lo que se siente. —Abrió los brazos, y Cristiano se refugió en ellos y sollozó—. Te mandaremos en avión a Londres, para que estés con tu familia.

Cristiano se detuvo a pensarlo y movió la cabeza en un gesto de negación.

—No —dijo—. Quiero jugar el partido, en honor a mi padre. Yo no estaría aquí si no fuera por él.

Y Cristiano Ronaldo mantuvo su promesa.

Tres días después Cristiano subió a bordo de un avión privado con destino a Madeira. Las aguas azules del Atlántico eran un espejo y las nubes se reflejaban en él. Pensó en su padre. Esperaba que no hubiera sentido miedo al morir. Sabía que nunca se recuperaría de la pérdida, pero rezó para acostumbrarse a ella. Su padre había muerto a causa del alcohol, y eso le recordó la promesa que se había hecho cuando era sólo un niño: nunca bebería. Cumplió su palabra.

El avión privado aterrizó en el aeropuerto de Funchal. Cristiano bajó e inmediatamente subió a una limusina que lo llevó a la capilla del cementerio de Santo António. Mientras el largo automóvil ascendía hacia allí, vio a miles de seguidores suyos en las aceras, esperando para ver a la superestrella nacida en la isla. Cuando el coche entró en el aparcamiento, vio al sacerdote de pie en la entrada, flanqueado por Fernão de Sousa, su padrino, y Jaime Fernandes, el mejor amigo de su padre. Dentro había cientos de personas, incluido Scolari. El oficio estaba a punto de empezar. Aguardaban su llegada.

El ataúd se hallaba en la parte delantera.

El sacerdote pronunció un breve sermón. Cristiano estaba afligido. Recordó el día que, poco antes de Navidad, su padre bromeó con él por perder el balón de fútbol cuesta abajo y le dio uno nuevo. Fue el mejor regalo de Navidad que había recibido jamás. Vio a algunos de sus amigos de la calle sentados en los bancos de la capilla y se acordó de cuando no lo dejaban jugar porque no tenía aún edad suficiente. Recordó que su padre le había contado que llegó tarde a su bautizo a causa de un partido del Andorinha y que su retraso casi enfureció al sacerdote. Su padre estuvo a su lado cuando acudieron a su puerta el Nacional y el Sporting y el Manchester United. Él había intentado por todos los medios ayudarlo, devolverle lo que le había dado, pero al final no pudo. Había cosas que ni siquiera el dinero podía comprar.

Después del oficio, la familia enterró a José Dinis dos Santos Aveiro en el cementerio de Santo António. En su lápida blanca se leía en portugués: «Su esposa, hijos, yernos, hijas, nietos, madre y demás familiares lo echarán siempre de menos».

Para Cristiano, significó que no sólo echaría siempre de menos a su padre, sino que además seguiría buscándolo. Era una antigua tradición portuguesa.

Cristiano volvió a Manchester y jugó con los Diablos Rojos cinco temporadas más, marcando un total de 118 goles en 292 actuaciones. Su familia estaba siempre cerca de él. «Si mi familia no está bien —decía—, yo tampoco lo estoy.»

En 2008 ayudó al equipo a ganar la Premier League y la Champions League, y luego ganó a título personal el premio más prestigioso del mundo del fútbol concedido a un jugador, el Balón de Oro. Fue coronado mejor jugador del mundo.

Cuando aceptó el trofeo, sir Alex Ferguson, para sorpresa suya, subió al escenario a pronunciar unas palabras acerca de su prodigio.

—Cristiano merece este premio y nuestro club vive con emoción este último éxito. El Manchester United venía esperando este momento desde hacía cuarenta años —declaró.

El público lo ovacionó, y sir Alex miró a Cristiano y sonrió. Se dio cuenta de que el joven de 24 años contenía las lágrimas. Pero aún no había acabado de hablar.

—Una de las virtudes menos conocidas de Cristiano —prosiguió— es su valentía. La valentía en el fútbol, como en la vida, se manifiesta de distintas maneras. Pero la valentía de seguir adelante, por más patadas que le den, es una forma de valentía que Cristiano Ronaldo conoce más que bien. Muy pocos jugadores poseen ese grado de valentía. Algunos creen que la mayor valentía en fútbol consiste en apropiarse del balón. La otra clase de valentía, y ésta es una valentía moral, es la valentía de conservar el balón. Ésa es la que Ronaldo posee. Todos los grandes jugadores la poseen.

A pesar de sus triunfos, Cristiano, en 2008, al final de la quinta temporada en el Manchester United, deseaba marcharse al Real Madrid.

20

Cuando Carlos Queiroz telefoneó a sir Alex desde su casa de Portugal, el inglés supo que se trataba de algo serio, porque a su antiguo segundo entrenador le gustaba hablar cara a cara.

—Cristiano está aquí. Te necesito —dijo.

Sir Alex tardó un par de horas en llegar al aeropuerto de Chester y tomar un vuelo directo a Portugal. Cuando llamó a la puerta de la casa de Carlos Queiroz, abrió Cristiano Ronaldo, que se sorprendió.

—¡Sir Alex! —exclamó, allí de pie.

—¿Qué, Chris? ¿Vas a invitarme a pasar? —preguntó el entrenador.

Cristiano se sonrojó.

—¡Ah! ¡Perdone, míster! —se disculpó y se hizo a un lado.

Sir Alex entró y miró alrededor. Queiroz, que estaba en la cocina, salió con una amplia sonrisa en la cara.

—¡Fergie! ¡Qué bien que hayas venido!

Cristiano miró a Queiroz y luego otra vez a sir Alex.

—Le he contado a Carlos lo del Real Madrid hace ya tres horas. ¿Por qué ha tardado usted tanto? —preguntó en broma.

—Habría llegado antes, pero aún no hay viajes en el

tiempo desde el Reino Unido —dijo sir Alex mientras tomaba asiento—. Ahora cuéntame qué te ha dicho Calderón.

Los tres se sentaron, y Cristiano resumió en pocas palabras que Ramón Calderón, el presidente del Real Madrid, le había ofrecido mucho dinero por fichar por el equipo... ya mismo.

Sir Alex observó a su prodigio por un momento.

—Sé que quieres irte y sé que jugar con el Real Madrid ha sido el sueño de toda tu vida. Y damos gracias por haberte tenido durante las últimas cinco temporadas.

—Sir Alex, soy el jugador que soy gracias al United —dijo Cristiano—. Le estaré eternamente agradecido. Quiero hacer las cosas de la mejor manera posible.

—Sí, es verdad. Nosotros te hemos convertido en el jugador que ahora eres. Pero eso sólo es una parte de la historia —señaló sir Alex—. Tú devolviste el entusiasmo al equipo en el momento en que más lo necesitábamos. Aportaste una expresión personal, algo de lo que carecíamos desde hacía muchas temporadas. Sé por qué te quiere Calderón. Me consta que ha estado pregonando al mundo entero que pronto jugarás con el Real Madrid. Quieren pagarte una cantidad mayor de la que nunca se ha pagado porque para ellos esto es una declaración: es su manera de decir que el Real Madrid es el mejor club del mundo. Pero ése es el planteamiento de Calderón. Si yo me prestara a seguirle el juego, perdería el honor, lo perdería todo, y me da igual si tienes que quedarte sentado en la grada. Sé que no llegaremos a ese punto, pero debo decirte que no consentiré que te vayas este año. ¿Entiendes mi postura? Es por una cuestión de respeto.

Cristiano asintió.

—Sí, sir Alex, lo entiendo perfectamente. —Sentía que las emociones se desbordaban dentro de él.

—Sé lo mucho que quieres irte al Real Madrid. Pero tal como ha hecho las cosas Calderón, preferiría pegarte un tiro antes que venderte a él.

Cristiano miró a su entrenador: el mejor del mundo. Sabía lo franco que sir Alex podía llegar a ser, y en ese momento comprendió que debería renunciar a su sueño aún durante un poco más de tiempo. Se rió.

—No me río porque crea que habla usted en broma —aclaró—. Me río porque sé que no es así. —Respiró hondo—. Míster, quiero decirle que lo que ha hecho por mí ha sido extraordinario y no lo olvidaré mientras viva. Cuando llegué al Manchester a los dieciocho años, fue usted como un padre para mí en el mundo del fútbol. Me dio oportunidades y me enseñó muchas cosas. Recuerdo que al llegar al club pedí el número veintiocho en la camiseta, y usted me dio el número siete. Eso representaba una gran presión para mí, pero usted dijo que no sería problema, y que yo merecía llevar esa camiseta porque era un jugador fantástico. Me enseñó a ser un buen profesional y un buen hombre, y es usted una persona excelente. Para mí, siempre será el número uno.

Sir Alex lo miró y se ablandó un poco.

—Cristiano, quiero que sepas que eres el jugador con más talento que ha entrenado —afirmó—. Has superado a todos los demás que han pasado por las filas del United en mi etapa..., y han sido muchos.

Se abrazaron, y sir Alex se marchó de Portugal y regresó a Manchester.

Cuando sir Alex Ferguson y Carlos Queiroz decidieron ponerse manos a la obra para llevarse a Cristiano Ronaldo al Manchester United años atrás, el gran entrenador preguntó a su segundo y amigo:

—¿Cuánto tiempo crees que conseguiremos conservarlo antes de que alguien se lo apropie?

—Si le sacas cinco años, ya puedes darte con un canto en los dientes —contestó Carlos Queiroz.

Sir Alex consiguió seis.

Cristiano Ronaldo fue fiel a su palabra y jugó una sexta temporada en el Manchester United. Luego se fue al Real Madrid cuando Florentino Pérez, el nuevo presidente del club, le ofreció más dinero del que se había pagado a ningún futbolista en la historia de este deporte.

21

Cristiano sonrió. Últimamente sonreía mucho. Echó una ojeada más al Bernabéu y acto seguido pisó la pasarela verde que zigzagueaba por el campo hasta el estrado. Más de 82.000 seguidores se habían congregado para ver al niño de Madeira que se había labrado un nombre en el ámbito del fútbol, desde las calles de Santo António hasta el estadio del Manchester United, y en el camino se había convertido en el mejor jugador del mundo. Ahora pertenecía al Real Madrid.

Florentino Pérez, el presidente del club, estaba en el podio cuando Cristiano saltó al estrado y lo saludó. Después abrazó a sus héroes, Alfredo Di Stéfano y Eusébio, y se quedó callado mientras Florentino Pérez lo presentaba.

—Gracias a todos por estar aquí —empezó el presidente del Real Madrid—. Vosotros representáis el mayor símbolo del madridismo: la pasión de los socios y lo que sienten los seguidores de todo el mundo por este equipo. Vosotros sois esenciales para que éste sea el club más admirado y respetado del mundo. Lo que está ocurriendo esta noche no tiene precedentes, y vuestra abrumadora presencia aquí representa la esencia del Real Madrid.

El público lo ovacionó con delirio.

—Gracias por ser las auténticas estrellas de esta exhibición imparable de fuerza, entusiasmo y visión. Hay hoy aquí con nosotros aficionados portugueses para ayudarnos a acoger en nuestra casa a uno de los suyos. Es un honor para nosotros tener aquí a uno de los más grandes jugadores de todos los tiempos, y un símbolo de lo que tiene de grande el fútbol portugués: ¡el legendario Eusébio!

El público se puso en pie ante la leyenda portuguesa, y Cristiano lo vio hacer una reverencia.

—En esta ocasión —continuó Pérez—, tenemos también en este escenario, juntos por primera vez y al mismo tiempo, a dos amigos que son los mayores jugadores de la historia: Eusébio y Di Stéfano.

Ambos hombres se abrazaron y saludaron a los asistentes.

Cuando la ovación se acalló, Florentino Pérez prosiguió.

—Muy pocos en el mundo alcanzan tanta grandeza. Hoy tenemos a uno que la ha alcanzado. El Real Madrid da la bienvenida a uno de los elegidos, capaz de hacer realidad los sueños de los aficionados al fútbol de todo el mundo. ¡Por favor, dad todos la bienvenida a Cristiano Ronaldo!

Cristiano se volvió y saludó con un amplio gesto de la mano. El público a su vez le devolvió el saludo clamando: «¡Sí, sí, sí, sí, Ronaldo en el Madrid!» Le encantó compartir con ellos el mismo entusiasmo. Para él, el Real Madrid había sido siempre un sueño, y ahora se había hecho realidad.

Cuando Florentino Pérez concluyó su discurso, cedió el podio a Cristiano y el niño de Madeira supo qué iba a decir exactamente. Diría la verdad, como le habían enseñado sus padres.

—Estoy muy contento de estar aquí —empezó, y el público enloqueció. Tardó un minuto en poder continuar—. Esto es un sueño hecho realidad. Ya de niño soñaba con jugar en el Real Madrid. —Oyó sus propias palabras, y cuando el público rugió, tuvo que contener la respiración—. ¡No esperaba que viniese tanta gente! —Y el público se echó a reír—. ¡Esto es increíble! —añadió Cristiano—. Gracias a todos. —Entonces recordó el famoso grito de aliento del Real Madrid, respiró hondo y exclamó—: ¡Hala, Madrid!

La multitud estaba en pie ovacionándolo. Aunque no los veía, sabía que allí estaban su madre, Hugo, Elma y Katia. Sabía que estaban también su padrino, Fernão de Sousa, y sus amigos de Santo António. Estaban todos allí. Deseó que su padre pudiera abrazarlo una vez más y lo buscó entre el gentío. Pensó en él, sólo hacía unos años que había muerto. Cayó en la cuenta de que se había acostumbrado a su ausencia, pero nunca lo superaría. Siempre anhelante, en eterna búsqueda. De pronto alguien le lanzó un balón, y él hizo una bicicleta y lo elevó con el pie para controlarlo con la cabeza, tal como había hecho millares de veces practicando en la Rua Quinta Falcão de su querida Madeira, donde todo el mundo hablaba raro.

El público, bullicioso y feliz, rebosaba amor.

Aquello era magia para él, y se sentía el hombre más feliz de la tierra.

Distinciones de Cristiano Ronaldo

REAL MADRID

- La Liga 2011–2012
- Copa del Rey 2010–2011
- Supercopa de España 2012

MANCHESTER UNITED

- Premier League: 2006–2007, 2007–2008, 2008–2009
- FA Cup: 2003–2004
- Copa de la Liga: 2005–2006, 2008–2009
- Supercopa: 2007
- Champions League de la UEFA: 2007–2008
- Mundial de Clubes de la FIFA: 2008

INDIVIDUALES

- Equipo Ideal del Torneo de la Eurocopa: 2004, 2012
- Trofeo Bravo: 2004
- Mejor Jugador del Año FIFPro: 2004–2005, 2005–2006
- Mejor Jugador Portugués del Año: 2006–2007

- Equipo Ideal del Año de la UEFA: 2003–2004, 2006–2007, 2007–2008, 2008–2009, 2009–2010, 2010–2011
- Jugador del Año Sir Matt Busby: 2003–2004, 2006–2007, 2007–2008
- El Mejor Once Mundial FIFPro: 2006–2007, 2007–2008, 2008–2009, 2010, 2011
- Mejor Jugador Joven del Año según la PFA: 2006–2007
- Mejor jugador del Año según los jugadores de la PFA: 2006–2007, 2007–2008
- Mejor Jugador del Año según la afición de la PFA: 2006–2007, 2007–2008
- Equipo Ideal del Año de la Premier League de la PFA: 2005–2006, 2006–2007, 2007–2008
- Máximo Goleador de la Champions League de la UEFA: 2007–2008, 2008–2009
- Futbolista del Año según la FWA: 2006–2007, 2007–2008
- Mejor Jugador de la Temporada en la Premier League: 2006–2007, 2007–2008
- Jugador del Mes en la Premier League: noviembre 2006, diciembre 2006, enero 2008, marzo 2008
- Bota de Oro de la Premier League: 2007–2008
- Premio al mérito de Barclays: 2007–2008

- Bota de Oro europea: 2007–2008
- Mejor Delantero del Año por clubes según la UEFA: 2007–2008
- Futbolista del Año por Clubes según la UEFA: 2007–2008
- Mejor Jugador del Año en el Mundo según FIFPro: 2007–2008
- Balón de Plata en el Mundial de Clubes según la FIFA: 2008
- Balón de Oro: 2008
- Mejor Jugador del Año en el Mundo según la FIFA: 2008
- Once de Oro: 2008
- Mejor Futbolista del Año en el Mundo: 2008
- Premio Ferenc Puskás de la FIFA: 2009
- Máximo Goleador en la Liga: 2010–2011
- Trofeo Alfredo Di Stéfano: 2011–2012
- Máximo Goleador en la UEFA: 2012
- Máximo Goleador en la Copa del Rey: 2010–2011
- Balón de Oro de la FIFA: 2013
- Premio al Mejor Jugador del Año en el Mundo según la FIFA: 2013

Bibliografía

Caioli, L. *Ronaldo: The Obsession for Perfection*, Corinthian Books, Londres, 2012.

Correia, E., y P. C. Garcia. Profile: The Unexpected Life of Cristiano Ronaldo, 27 de junio de 2012. *Portugal Daily View*. Extraído de: http://www.portugaldailyview.com/whats-new/cristiano-ronaldo-the-humble-chosen-one

Cristiano Ronaldo – All Access – Entrevista en la CNN [COMPLETA] [HD 720p]. (25 de noviembre de 2012). *YouTube*. Extraída de http://www.youtube.com/watch?v=iHkHTpuGaD8&feature=fvwp

Cristiano Ronaldo. (2014). *Bio.com*. Extraído de: http://www.biography.com/A&E Networks

Cristiano Ronaldo. (Sin fecha.) Extraído de: http://en.wikipedia.org/wiki/Cristiano_Ronaldo#2006_World_Cup

Cristiano Ronaldo: An Unauthorized Biography. Belmont & Belcourt, Chicago, 2012.

Cristiano Ronaldo Biography. (Sin fecha.) *Cristiano Ronaldo Biography*. Extraída de: http://www.ronaldoattack.com/biography.php

Cristiano Ronaldo Early Years. (Sin fecha.) *Cristiano Ronaldo*. Extraído de: http://www.cristianoronaldo.org.uk/early-year/

Cristiano Ronaldo (Historia) 1ª parte.
(1 de mayo de 2010.) *YouTube*. Extraído de: http://www.youtube.com/watch?v=v2dU5UDx9Ts

Cristiano Ronaldo Tells A Brief Story About His Childhood. (18 de febrero de 2010.) *YouTube*. Extraído de: http://www.youtube.com/watch?v=LqDd3eFoJgE

Cristiano Ronaldo: The Story So Far.
(4 de septiembre de 2012.) *YouTube*. Extraído de: http://www.youtube.com/watch?v=FzFdc0cIK4Y

Cristiano Ronaldo Unveiled as Real Madrid Player to Hysteria at Bernabeu. (6 de julio de 2009.) *The Telegraph*. Extraído de: http://www.telegraph.co.uk/sport/football/players/cristianoronaldo/5761037/Cristiano-Ronaldo-unveiled-as-Real-Madrid-player-to-hysteria-at-Bernabeu.html

Cristiano Ronaldo vs. Manchester United. (29 de noviembre de 2007.) *YouTube*. Extraído de: http://www.youtube.com/watch?v=AfgdUfDgCq8

Cristiano Ronaldo's Childhood. (24 de mayo de 2009.) *YouTube*. Extraído de: http://www.youtube.com/watch?v=Dm4zDp8rs7w

Cristiano Ronaldo's Development - Sporting.
(29 de noviembre de 2011.) YouTube. Extraído de: http://www.youtube.com/watch?v=pbn5K8iQUO0

Cristiano Ronaldo's Life/Childhood™.
(7 de junio de 2012.) *YouTube*. Extraído de: http://www.youtube.com/watch?v=bwl0O8y5ITg

80,000 Fans Welcome Ronaldo to Real Madrid (sin fecha). *San Diego News, Local, California and National News.* Extraído de: http://www.utsandiego.com/news/2009/jul/06/soc-real-madrid-ronaldo-070609/all/?print

Ferguson, A., *Alex Ferguson: My Autobiography.* Hodder & Stoughton, Ltd., Londres, 2013.

Funeral de Dinis Aveiro Marcado Para Amanh? *JN.* (Sin fecha.) JN. Extraído de: http://www.jn.pt/PaginaInicial/Interior.aspx?content_id=511199

Harris, Christopher. The Story of Cristiano Ronaldo Before Man United, 2009 *World Soccer Talk:* Extraído de: http://worldsoccertalk.com/2009/01/19/the-story-of- cristiano-ronaldobefore-man-united/

Hospital Cruz de Carvalho (Funchal). (Sin fecha.) *Hospital Cruz De Carvalho.* Extraído de: http://wikimapia.org/95589/Hospital-Cruz-de-Carvalho

Jose Mourinho. (Sin fecha.) *Wikipedia.* Extraído de: http://en.wikipedia.org/wiki/José_Mourinho

Oldfield, T., *Cristiano Ronaldo: The True Story of the Greatest Footballer on Earth.* John Blake Publishing, Londres, 2008.

Santiago Bernabéu Stadium, 2008. Extraído de: http://en.wikipedia.org/wiki/Santiago_Bernabéu_Stadium

Soccer Legends Biography School. (Sin fecha.) *Soccer Legends Biography School.* Extraído de: http:// soccerlegends.wordpress.com/tag/andorinha/

This Day In Football History: 6 de julio, 2009 - Ronaldo's Real Big Welcome. (Sin fecha.) *This Day In Football History: 6 July, 2009 - Ronaldo's Real Big Welcome.* Extraído de: http://tdifh.blogspot.com/2011/07/6-july-2009-ronaldos-real-bigwelcome.html

Wikipedia. (Sin fecha.) Fotografías. Texto de Scrambler, A world of expression blog.

Yasukawa, K. (14 de marzo de 2012.) *Roots of Cristiano Ronaldo.*

síganos en **www.mundopuck.com**
y **facebook**/mundopuck

801124331

DATE DUE

JUN 1 0 2021

Canby High School Library
721 SW Fourth Avenue
Canby, OR 97013